高校入試

ランク順

RANK 〓

中学

改訂版

漢字・語句・文法

1100

JN042354

Gakken

はじめに

入試国語の中でも、漢字・語句・文法は、受験生が苦手とする分野であり、また、入試に必ずといってよいほど、出題される分野でもあります。

「漢字・語句・文法の、入試に出るものだけにしぼった学習参考書がほしい。」という受験生にこたえて、「ランク順」の初版が刊行されたのが、一九八九年でした。

そして、このたび最新刊を刊行するにあたって、私たちが目指したのは、漢字・語句・文法の重要点を、短期間に効率よくマスターできる参考書でした。

本書では、過去数年の漢字の読み書き、漢字・語句の知識、文法の入試問題を徹底分析して、最新のランク順に配列してあるので、効率よく学習することができます。

また、クイズ形式で、漢字の読み書き、漢字・語句の知識、文法の内容を確認できる無料のアプリを提供しております。

みなさんが本書を十分活用し、重要漢字・語句・文法をマスターして、志望校合格の栄冠を勝ち取ることができるよう、心から願っています。

CONTENTS

RANK

この本の特長と基本構成

この本では、入試に出題されやすい問題や項目を、ランク順に配列しています。

ランク Ⓐ 必ず押《お》さえておきたい問題・項目

ランク Ⓑ 覚えておきたい問題・項目

ランク Ⓒ 挑戦したい問題・項目

漢字編

漢字の読み書きの問題は、全国の公立高校で出題された最新入試問題を分析し、よく出題された順に配列してあります。そのため、自分の学習状況に応じて、効率的に学習することができます。

読み・書きの問題は、それぞれ一字の漢字と熟語に分けて、見開き単位で構成しています。下段に読み書きの際の注意点や関連する情報も示しています。

漢字・語句の知識編

漢字・語句の知識編でも漢字編と同様に、入試に出題されやすい項目をランク順に配列しています。

赤フィルターで効率よくチェック

文法編

文法編でも漢字編と同様に、入試に出題されやすい項目をランク順に配列しています。

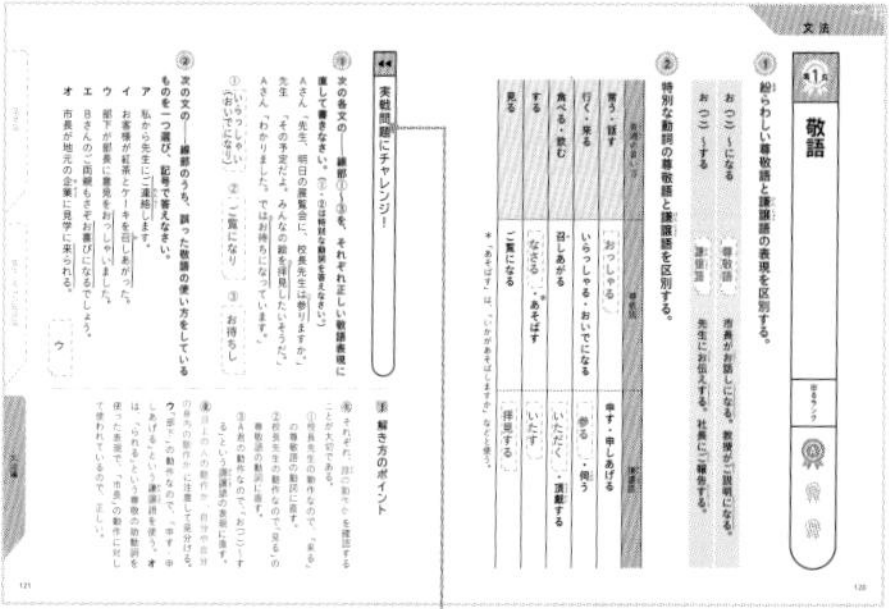

実際の入試を想定した問題形式

無料アプリについて

本書に掲載されている漢字・語句・文法をクイズ方式で確認できるアプリを
無料でご利用いただけます。

アプリのご利用方法

スマートフォンでLINEアプリを開き、「学研ランク順」を友だち追加いただくことで、
クイズ形式で単語が復習できるWEBアプリをご利用いただけます。

WEBアプリ
LINE友だち追加はこちらから

学研ランク順　検索

※クイズのご利用は無料ですが、通信料はお客様のご負担になります。
※ご提供は予告なく終了することがあります。

カンソウオ　メモットリ　マチゲータ

RANK

漢字編

漢字の読みと書きの問題を、それぞれ一字と熟語に分けて、高校入試でよく出題される順に配列してあります。まずはAランクをしっかり覚えてから、Bランク・Cランクにも挑戦しましょう。

第1位
▼
第20位

一字の漢字の読み①

出るランク
A B C

1 朝食用の米を**研**ぐ。
とぐ
▼送り仮名は「おう」ではなく「う」であることに注意。

2 半月ぶりの雨で大地が**潤**う。
うるおう
▼送り仮名は「るしい」ではなく「しい」であることに注意。

3 技術の発達が**著**しい。
いちじるしい

4 世界新記録に**挑**む。
いどむ
▼形の似た「眺《なが》める」「跳《は》ねる」「跳《と》ぶ」「逃《に》げる」「逃《のが》れる」と区別する。

5 落ち込《こ》む友人を**慰**める。
なぐさめる
▼送り仮名は「る」ではなく「める」であることに注意。

6 企業《きぎょう》が急成長を**遂**げる。
とげる
▼「遂げる」は、ここでは「最後に、ある結果となる」という意味。

7 不穏《ふおん》な空気が**漂**う。
ただよう
▼送り仮名は「よう」ではなく「う」であることに注意。

8 川の流れが**緩**やかだ。
ゆるやか
▼送り仮名は「か」ではなく「やか」であることに注意。

9 遠くから様子を**眺**める。
ながめる
▼形の似た「挑《いど》む」「跳《と》ぶ」と区別する。

□□ 10 印象が**鮮**やかに残る。

あざやか

▼ 送り仮名は「か」ではなく「やか」であることに注意。

□□ 11 傷口に薬を**塗**る。

ぬる

□□ 12 **厳**かな雰《ふん》囲《い》気《き》の式典。

おごそか

▼ 送り仮名は「そか」ではなく「か」であることに注意。

□□ 13 川の水に足を**浸**す。

ひたす

▼ 形の似た「侵《おか》す」と読み間違《まちが》えないように注意。

□□ 14 **穏**やかな気候の土地に住む。

おだやか

▼ 送り仮名は「か」ではなく「やか」であることに注意。

□□ 15 親友との会話が**弾**む。

はずむ

▼ 「弾」には「弾《ひ》く」という訓読みもある。

□□ 16 エッセーを巻頭に**掲**げる。

かかげる

▼ 送り仮名は「る」ではなく「げる」であることに注意。

□□ 17 各国の選手が技を**競**う。

きそう

□□ 18 後《こう》輩《はい》の不作法を**諭**す。

さとす

▼ 「諭す」は「目下の者にわかるように言い聞かせる」という意味。

□□ 19 作品に工夫を**凝**らす。

こらす

□□ 20 優勝して有終の美を**飾**る。

かざる

第21位
▼
第40位

一字の漢字の読み②

出るランク
A B C

21 宵のうちから雨が降り出す。
よい
「宵」は「日が暮れて間もない頃《ころ》」という意味。

22 伝統文化を誇る街。
ほこる

23 庭の隅に柿《かき》の木を植える。
すみ
同じ部分をもつ「偶《ぐう》」「遇《ぐう》」と同じ音読みだが、ここは訓読みで読む。

24 正しい結論に導く。
みちびく
送り仮名は「びく」ではなく「く」であることに注意。

25 庭木に肥料を施す。
ほどこす
「施す」は、ここでは「相手が助かるものを与《あた》える」という意味。

26 悲しい場面に涙《なみだ》を催す。
もよおす
「催す」は、ここでは「ある気持ちや状態を起こさせる」という意味。

27 勝利の栄冠《えいかん》に輝く。
かがやく
送り仮名は「やく」ではなく「く」であることに注意。

28 先生への報告の義務を怠る。
おこたる
送り仮名は「たる」ではなく「る」であることに注意。

29 晴天続きで空気が乾く。
かわく

30 夫婦がともに手を**携**える。

たずさえる

送り仮名は「る」「さえる」ではなく「える」であることに注意。

31 審《しん》議《ぎ》会に**諮**る。

はかる

同訓異字の「図る」と区別する。

32 早めに休むように**促**す。

うながす

送り仮名は「がす」ではなく「す」であることに注意。

33 心の奥《おく》底《そこ》に欲望が**潜**む。

ひそむ

「潜」には「潜《もぐ》る」という訓読みもある。

34 世間体を**繕**う。

つくろう

送り仮名は「ろう」ではなく「う」であることに注意。

35 二つの部屋を障子で**隔**てる。

へだてる

36 不用意な発言を**慎**む。

つつしむ

同訓異字の「謹む」と区別する。送り仮名は「しむ」ではなく「む」。

37 友人を家に**招**く。

まねく

38 十代が参加者の半数を**占**める。

しめる

「占」には「占《うらな》う」という訓読みもある。

39 ボランティア活動費を寄付で**賄**う。

まかなう

送り仮名は「なう」ではなく「う」であることに注意。

40 部員全員で知《ち》恵《え》を**絞**る。

しぼる

同訓異字の「搾る」と区別する。

第41位▼第60位

一字の漢字の読み③

出るランク A B C

41 中学卒業後の進路を巡る面談。
めぐる
「巡る」は、ここでは「そのことに関わる」という意味。

42 封筒《ふうとう》の中が透ける。
すける

43 柔らかいパンを選ぶ。
やわらかい
同訓異字の「軟らかい」と区別する。

44 部活動への参加を勧める。
すすめる
同訓異字の「進める」「薦める」と区別する。

45 兄の機嫌《きげん》を損なう。
そこなう
送り仮名は「う」ではなく「なう」であることに注意。

46 専務を次期社長に据える。
すえる
「据える」は、ここでは「ある地位に就かせる」という意味。

47 台風の後に川の水が濁る。
にごる

48 寒さが和らぎ、梅が綻びる。
ほころびる
送り仮名は「る」ではなく「びる」であることに注意。

49 監督《かんとく》がチームを率いる。
ひきいる
送り仮名は「る」ではなく「いる」であることに注意。

□□ 50 レース糸で花瓶《かびん》敷《し》きを**編**む。
あむ

□□ 51 自らの半生を**顧**みる。
かえりみる
同訓異字の「省みる」と区別する。

□□ 52 自由な生き方に**憧**れる。
あこがれる

□□ 53 朝日が**昇**る。
のぼる
同訓異字の「上る」「登る」と区別する。

□□ 54 旅館の**畳**に寝転《ねころ》ぶ。
たたみ

□□ 55 神をも**畏**れぬ行い。
おそれ
同訓異字の「恐れる」と区別する。

□□ 56 食べ物の好みが**偏**る。
かたよる
送り仮名は「よる」ではなく「る」であることに注意。

□□ 57 **珍**しい植物を見つける。
めずらしい
送り仮名は「らしい」ではなく「しい」であることに注意。

□□ 58 先生の忠告を胸に**刻**む。
きざむ

□□ 59 代々、飲食業を**営**む。
いとなむ

□□ 60 着物の**帯**を締《し》める。
おび

第61位▼第80位

一字の漢字の読み④

出るランク A B C

61 将来の夢が膨らむ。

ふくらむ

62 彼《かれ》は見る度に成長している。

たび

ここでの「度」は、音読みではなく、訓読みで読むことに注意。

63 昨年の流行色が廃れる。

すたれる

送り仮名は「る」ではなく「れる」であることに注意。

64 襟を正して話を聞く。

えり

65 危険を伴う手術が成功する。

ともなう

送り仮名は「なう」ではなく「う」であることに注意。

66 愚かな言動を恥《は》じる。

おろか

67 母の笑顔《えがお》が目に浮かぶ。

うかぶ

68 ファンが人気スターに群がる。

むらがる

送り仮名は「らがる」ではなく「がる」であることに注意。

69 先生に敬意を払う。

はらう

70 市民の**憩**いの場である公園。 — いこい
▼「憩い」は「くつろぐこと。休息」という意味。

71 新庁舎建設候補地を幾《いく》つか**並**べる。 — ならべる

72 ゲームで退屈《たいくつ》を**紛**らす。 — まぎらす

73 **滑**らかな口調で話す。 — なめらか
▼送り仮名は「か」ではなく「らか」であることに注意。

74 自分の意志を**貫**く。 — つらぬく
▼送り仮名は「ぬく」ではなく「く」であることに注意。

75 白地に赤い花柄《はながら》が**映**える。 — はえる
▼同訓異字の「生える」と区別する。

76 職人が、い草でござを**織**る。 — おる

77 無駄《むだ》な出費を**抑**える。 — おさえる
▼「押《お》さえる」との送り仮名の違《ちが》いに注意。形の似た「迎《むか》える」と区別する。

78 バットを大きく**振**る。 — ふる
▼同訓異字の「降る」と区別する。

79 子どもが**健**やかに育つ。 — すこやか

80 市民の便宜《べんぎ》を**図**る。 — はかる
▼同訓異字の「計る」「量る」「測る」「諮る」と区別する。

第81位
▼
第100位

一字の漢字の読み⑤

出るランク
A B C

81 あの人は口が堅い。
かたい
同訓異字の「固い」「硬い」と区別する。

82 生徒会長に友人を推す。
おす
同訓異字の「押す」と区別する。

83 よからぬことを企てる。
くわだてる
送り仮名は「る」ではなく「てる」であることに注意。

84 目薬を一滴《いってき》垂らす。
たらす

85 休養を取って体調を整える。
ととのえる
同訓異字の「調える」と区別する。

86 新たな事務所を設ける。
もうける

87 監督《かんとく》から鋭い指摘《してき》を受ける。
するどい
送り仮名は「どい」ではなく「い」であることに注意。

88 自らの敗北を悟る。
さとる

89 後輩《こうはい》に愛読書を薦める。
すすめる
同訓異字の「進める」「勧める」と区別する。

90 状況《じょうきょう》判断を誤る。

あやまる

同訓異字の「謝る」と区別する。

91 この風邪《かぜ》薬はよく効く。

きく

同訓異字の「聞く」「聴く」と区別する。

92 五か国語を操る有能な人物。

あやつる

形の似た「繰《く》る」と区別する。

93 忘れ物に気づいて慌てる。

あわてる

94 トラブルに速やかに対処する。

すみやか

送り仮名は「か」ではなく「やか」であることに注意。

95 無責任な発言を控える。

ひかえる

送り仮名は「る」ではなく「える」であることに注意。

96 我が身の不運を嘆く。

なげく

97 緊張《きんちょう》のため表情が硬い。

かたい

同訓異字の「固い」「堅い」と区別する。

98 淡い色合いのスカーフ。

あわい

99 目前に危険が迫る。

せまる

音読みは、形の似た「拍」「伯」「泊」と同じ「ハク」。

100 春の山でふきのとうを採る。

とる

同訓異字の「取る」「撮る」「捕る」「執る」と区別する。

第101位▼第120位

一字の漢字の読み⑥

出るランク B

101 部活動に情熱を注ぐ。
そそぐ

102 無事に契約《けいやく》が済む。
すむ
同訓異字の「住む」「澄む」と区別する。

103 詳しい説明を受ける。
くわしい
送り仮名は「い」ではなく「しい」であることに注意。

104 心の奥に秘めた気持ちを語る。
おく

105 ドレスの生地を裁つ。
たつ
同訓異字の「立つ」「絶つ」「建つ」「断つ」と区別する。

106 先生から激励《げきれい》の言葉を頂く。
いただく

107 宣伝用のポスターを刷る。
する
同訓異字の「擦る」と区別する。

108 丁寧《ていねい》な接客に努める。
つとめる
同訓異字の「勤める」「務める」と区別する。

109 堅《かた》く口を閉ざす。
とざす

110 かろうじて難を逃れる。
のがれる
形の似た「眺《なが》める」「跳《は》ねる」「跳《と》ぶ」「挑《いど》む」と区別する。

111 お客様の要望を伺う。
うかがう

112 子どもたちに夢を届ける仕事。
とどける
送り仮名は「る」ではなく「ける」であることに注意。

113 病人の看病に心を砕く。
くだく

114 成功する見《み》込《こ》みは薄い。
うすい

115 自分の実力が通用するかを試す。
ためす
「試」には「試《こころ》みる」という訓読みもある。

116 理《り》不《ふ》尽《じん》な申し出を拒む。
こばむ

117 暴れ川の氾《はん》濫《らん》を治める。
おさめる
同訓異字の「収める」「納める」「修める」と区別する。

118 無《む》駄《だ》な時間を費やす。
ついやす
送り仮名は「す」ではなく「やす」であることに注意。

119 射るような鋭《するど》いまなざし。
いる
同訓異字の「入る」「居る」「要る」「鋳る」「煎る」と区別する。

120 新興住宅地のそばに鉄道を敷く。
しく
「敷く」は、ここでは「作り設ける」という意味。

第121位
▼
第140位

一字の漢字の読み⑦

出るランク
A B C

□□ 121 斜め後ろを振《ふ》り返る。
ななめ
「赴く」は、ここでは「物事がある状態に向かう」という意味。

□□ 122 心の赴くままに話す。
おもむく

□□ 123 商品を丁寧《ていねい》に扱う。
あつかう
送り仮名は「かう」ではなく「う」であることに注意。

□□ 124 危険な場所に行かぬよう戒める。
いましめる
「戒める」は「あやまちのないように教え諭《さと》す」という意味。

□□ 125 夫婦が子宝を授かる。
さずかる
送り仮名は「る」ではなく「かる」であることに注意。

□□ 126 仲間のために勇気を奮う。
ふるう
「振《ふ》るう」との使い分けに注意。

□□ 127 憧《あこが》れていた職業に就く。
つく

□□ 128 期待に胸が躍る。
おどる
同訓異字の「踊る」と区別する。

□□ 129 理科の実験でマッチを擦る。
する
同訓異字の「刷る」と区別する。

130 パーティーの場が**華やぐ**。
はなやぐ
「華やぐ」は、訓読みの「華」に動詞を作る接尾《せつび》語「やぐ」が付いた言葉。

131 **辺り**一面に田んぼが広がる。
あたり

132 先輩《せんぱい》を兄のように**慕う**。
したう
形の似た「募《つの》る」「暮れる」と区別する。

133 多くの課題を**抱える**。
かかえる
「抱」には「抱《だ》く」「抱《いだ》く」という訓読みもある。

134 負けて**悔しい**思いをする。
くやしい
送り仮名は「い」ではなく「しい」であることに注意。

135 料理の腕《うで》を**磨く**。
みがく

136 **己**の無力をかみしめる。
おのれ

137 額の汗《あせ》を**拭う**。
ぬぐう
「拭う」は「拭《ふ》く」という意味。

138 激しい不安が胸を**襲う**。
おそう

139 自己洞《どう》察《さつ》力と行動力に**優れる**。
すぐれる

140 胸に希望の光が**宿る**。
やどる
「宿る」は、ここでは「その場所にとどまる」という意味。

一字の漢字の読み⑧

第141位
▼
第160位

出るランク A B C

141 名作の誉れ高い小説を読む。
ほまれ
「誉れ」は「名誉《めいよ》。評判」という意味。

142 巨万《きょまん》の富を擁する一族。
ようする
「擁する」は、ここでは「持つ」という意味。「要する」と区別する。

143 鉄の塊《かたまり》を溶かす。
とかす
同訓異字の「解かす」と区別する。

144 妙《みょう》に勘が働く。
かん

145 和やかなムードが漂《ただよ》う。
なごやか
「和やか」は「穏《おだ》やかで気分が和らいでいる」という意味。

146 恋心《こいごころ》に胸を焦がす。
こがす

147 夏期講習の参加者を募る。
つのる
形の似た「慕《した》う」「暮れる」と区別する。

148 敵の術中に陥る。
おちいる
送り仮名は「いる」ではなく「る」であることに注意。

149 長い絹糸を繰る。
くる
形の似た「操《あやつ》る」と区別する。

□□ 150 相手の発言を**遮**る。
さえぎる

□□ 151 **専**ら練習に励《はげ》む。
もっぱら

□□ 152 いるかは哺《ほ》乳《にゅう》類に**属**する。
ぞくする
▼「属する」は音読みの「属」に「する」が付いて動詞化したもの。

□□ 153 スーツケースの重さを**量**る。
はかる
▼同訓異字の「計る」「図る」「測る」「諮る」と区別する。

□□ 154 弁護士を**志**す大学生。
こころざす
▼送り仮名は「ざす」ではなく「す」であることに注意。

□□ 155 ボールが**弧**を描《えが》いて飛ぶ。
こ
▼「弧」は「弓のような形」という意味で、形の似た「孤」と同じ音読み。

□□ 156 来月の**半**ばに引っ越《こ》す。
なかば

□□ 157 うわさ話を小耳に**挟**む。
はさむ
▼形の似た「狭《せま》い」と区別する。

□□ 158 手にかばんを**提**げる。
さげる
▼同訓異字の「下げる」と区別する。

□□ 159 重要な役割を**担**う。
になう
▼「担う」は「引き受ける。負う」という意味。

□□ 160 夕暮れ時の空は**殊**に美しい。
こと
▼「殊」は、ここでは訓読みで読む。音読みは「珠」と同じ「シュ」。

第161位
▼
第180位

一字の漢字の読み⑨

出るランク

A B C

161 見事な演技が観客の目を奪う。
うばう
同訓異字の「顧みる」と区別する。

162 今日一日の言動を省みる。
かえりみる

163 趣がある料亭《りょうてい》の庭を眺《なが》める。
おもむき
「趣」は「味わい。面白み」という意味。

164 グラウンドを全速力で駆ける。
かける
同訓異字の「欠ける」「掛ける」「架ける」「懸ける」「賭ける」と区別する。

165 忘れ物に気づいて家に戻る。
もどる

166 忙しい日々が続く。
いそがしい
送り仮名は「い」ではなく「しい」であることに注意。

167 笛の快い音色が響《ひび》く。
こころよい
送り仮名は「よい」ではなく「い」であることに注意。

168 粘《ねば》り強く無実を訴える。
うったえる
送り仮名は「る」ではなく「える」であることに注意。

169 打ち合わせの時間を割く。
さく
同訓異字の「咲く」「裂く」と区別する。

□□ 170 自分の気持ちを偽るべきではない。
いつわる
「偽る」は「うそを言ってだます。欺《あざむ》く」という意味。

□□ 171 司会者が雑談をして時間を稼ぐ。
かせぐ
形の似た「嫁《とつ》ぐ」と区別する。

□□ 172 種をまく前に畑を耕す。
たがやす
送り仮名は「やす」ではなく「す」であることに注意。

□□ 173 新しいシーツに替える。
かえる
同訓異字の「変える」「代える」「換える」と区別する。

□□ 174 富士山《ふじさん》の頂上を極める。
きわめる
同訓異字の「究める」と区別する。

□□ 175 怪しい人影《ひとかげ》が横切る。
あやしい

□□ 176 準備体操で体を反らす。
そらす

□□ 177 無駄《むだ》な抵抗《ていこう》を試みる。
こころみる
送り仮名は「る」ではなく「みる」であることに注意。

□□ 178 空一面を厚い雲が覆う。
おおう

□□ 179 先生の指示を仰ぐ。
あおぐ
形の似た「迎《むか》える」「抑《おさ》える」と区別する。

□□ 180 空が朗らかに晴れ渡《わた》る。
ほがらか
「朗らか」は、ここでは「雲がなく、光が差して晴れやかだ」という意味。

第181位
▼
第200位

一字の漢字の読み⑩

出るランク C

181 仕上げの作業が滞る。
とどこおる
送り仮名は「おる」ではなく「る」であることに注意。

182 からすは非常に賢い鳥だ。
かしこい
送り仮名は「こい」ではなく「い」であることに注意。

183 実家の家業を継ぐ。
つぐ
同訓異字の「次ぐ」と区別する。

184 日頃《ひごろ》から災害に備える。
そなえる
同訓異字の「供える」と区別する。

185 まだ若く、経験や知識に乏しい。
とぼしい
送り仮名は「い」ではなく「しい」であることに注意。

186 表現の自由を侵すべきではない。
おかす
形の似た「浸《ひた》す」と区別する。

187 その小説は事実に即する。
そくする
「即する」は音読みの「即」に「する」が付いて動詞化したもの。

188 気持ちも新たに新学期に臨む。
のぞむ
同訓異字の「望む」と区別する。

189 先輩《せんぱい》に憧《あこが》れの気持ちを抱く。
いだく
ここでの「抱」は、他の訓読みで「抱《だ》く」と読まないように注意。

190 日々の努力で実力を蓄える。
たくわえる
送り仮名は「る」ではなく「える」であることに注意。

191 駅までの道順を尋ねる。
たずねる
同訓異字の「訪ねる」と区別する。

192 心の琴線《きんせん》に触れる物語。
ふれる
「触」には「触《さわ》る」という訓読みもある。

193 蚊《か》に刺《さ》された部分が腫れる。
はれる
同訓異字の「晴れる」と区別する。

194 一寸の虫にも五分《ごぶ》の魂。
たましい
形の似た「塊《かたまり》」と区別する。

195 安眠《あんみん》を妨げる騒音《そうおん》。
さまたげる
「妨げる」は、ここでは「邪魔《じゃま》する」という意味。形の似た「防ぐ」と区別する。

196 午後から天気が崩れる。
くずれる
送り仮名は「る」ではなく「れる」であることに注意。

197 来年度の予算を削る。
けずる

198 今に至るまで友人から連絡《れんらく》はない。
いたる
形の似た「致《いた》す」と区別する。

199 宿題の残りはあと僅かだ。
わずか
形の似た「謹《つつし》む」と区別する。

200 ゲストを盛大な拍手《はくしゅ》で迎える。
むかえる
形の似た「抑《おさ》える」「仰《あお》ぐ」と区別する。

第1位
▼
第20位

熟語の読み①

出るランク A B C

1. 抑揚をつけて音読する。
よくよう
「披」は形の似た「被」と同じ音読み。

2. 結婚《けっこん》を披露する。
ひろう
「掌握」は「思いどおりに動かせるように、すっかり自分のものにすること」。

3. 王が人心を掌握する。
しょうあく

4. 曖昧な説明でごまかす。
あいまい
「曖」は「愛」と同じ音読み。「昧」は形の似た「味」と間違《まちが》えて「ミ」と読まないように。

5. 久しぶりの休みを満喫する。
まんきつ
「喫」を「契」と間違《まちが》えて「ケイ」と読まないように。

6. プレゼントを包装する。
ほうそう

7. 傾斜の緩《ゆる》やかな坂を上る。
けいしゃ

8. 監督《かんとく》が部員たちを鼓舞する。
こぶ
「鼓舞」は「励《はげ》まして元気づけること」という意味。

9. 余暇を利用して遠出する。
よか

□□ 10 祖母は好《こう》奇《き》心**旺盛**な性格だ。
おうせい
「旺」は「王」と同じ音読み。

□□ 11 **悠久**の大自然。
ゆうきゅう
「悠久」は「果てしなく長く続くこと」という意味。

□□ 12 試合前の選手を**激励**する。
げきれい
「激励」は「励《はげ》まして奮い立たせること」という意味。

□□ 13 **柔軟**な態度で対応する。
じゅうなん

□□ 14 カタログを無料で**頒布**する。
はんぷ
「頒布」は「品物や資料などを広く配ること」という意味。

□□ 15 海底が**隆起**してできた海岸。
りゅうき
「隆」は形の似た「降」と間違《まちが》えて「コウ」と読まないように。

□□ 16 祖母の家に**頻繁**に行く。
ひんぱん
「頻繁」の「繁」は、「頻」という「ん」で終わる語に続くので半濁音《はんだくおん》で読む。

□□ 17 心身の**均衡**を保つ。
きんこう
「衡」を形の似た「衝」と間違《まちが》えて「ショウ」と読まないように。

□□ 18 必要な資料を**網羅**する。
もうら
「網羅」は「残らず集め取り入れること」という意味。

□□ 19 あの人は**寡黙**な人物だ。
かもく
「寡黙」は「口数が少ないこと」という意味。

□□ 20 心の**琴線**に触《ふ》れる言葉。
きんせん
「琴線に触《ふ》れる」は、「物事に感動する細やかな気持ち」のたとえ。

第21位
▼
第40位

熟語の読み②

出るランク
A B C

□□ 21 新聞に投稿《とうこう》が掲載される。
けいさい

□□ 22 見事な演奏に陶酔する。
とうすい
「陶酔」は「うっとりすること」という意味。

□□ 23 飛行機に搭乗する。
とうじょう
「搭」は同じ部分をもつ「塔」と同じ音読み。

□□ 24 縁側でひなたぼっこをする。
えんがわ
「縁側」は日本家屋で部屋の外側に沿って付けられた細長い板敷《いたじ》きの部分。

□□ 25 寸暇を惜《お》しんで勉学に励《はげ》む。
すんか

□□ 26 顧客《こきゃく》の要望に迅速に対応する。
じんそく
「迅速」は「非常に素早いこと」という意味。

□□ 27 綿密な計画を立てる。
めんみつ

□□ 28 ゴム草履を履《は》いて浜辺《はまべ》を歩く。
ぞうり

□□ 29 敏腕な新聞記者。
びんわん
「敏腕」は「物事を的確に素早く処理する能力があること」という意味。

□□ 30 前任者の方針を踏襲する。
とうしゅう
「踏襲」は「それまでのやり方や方針をそのまま受け継ぐこと」という意味。

□□ 31 珠玉の短編を集めた文学全集。
しゅぎょく
「珠玉」は美しいものや優れたもののたとえとして使う。

□□ 32 いいアイディアが脳裏にひらめく。
のうり
「脳裏」は「頭の中。心の中」という意味。

□□ 33 商品をケースに陳列する。
ちんれつ
「陳」を形の似た「棟」「陣」と間違《まちが》えて「トウ」「ジン」と読まないように。

□□ 34 地方に工場を誘致する。
ゆうち
「誘致」は「積極的に招き寄せること」という意味。

□□ 35 舞《ぶ》台《たい》の装飾《そうしょく》に意匠を凝《こ》らす。
いしょう
「意匠」は「絵画などの作品で工夫を巡《めぐ》らすこと」という意味。

□□ 36 豪華な客船で世界を旅する。
ごうか

□□ 37 自らの責務を遂行する。
すいこう
「遂」を形の似た「墜」「逐」と間違《まちが》えて「ツイ」「チク」と読まないように。

□□ 38 蒸気機関車が汽笛を鳴らす。
きてき

□□ 39 高原の清涼な空気を吸う。
せいりょう
「清涼」は「さわやかで涼《すず》しいこと」という意味。

□□ 40 事件の詳細を調べる。
しょうさい

第41位
▼
第60位

熟語の読み③

出るランク A B C

41 大自然の恩恵にあずかる。 おんけい

42 去りゆく友に惜別の情を抱《いだ》く。 せきべつ

43 恋人《こいびと》との相性を占《うらな》う。 あいしょう

44 選手を代表して宣誓する。 せんせい

45 店内で騒《さわ》ぐと周囲の迷惑になる。 めいわく

46 野球選手が球団と専属契約《けいやく》を結ぶ。 せんぞく

47 人生の岐路に立つ。 きろ

48 美しい旋律の楽曲を演奏する。 せんりつ

49 夏の庭に雑草が繁茂する。 はんも

▼「惜」を形の似た「借」と間違《まちが》えて「シャク」と読まないように。

▼「相性」の「性」は「性分」「性根」などの「性」と同じ音読みで読む。

▼「宣誓」は「多くの人の前で誓《ちか》いの言葉を述べること。また、その言葉」という意味。

▼「岐路」は「分かれ道」という意味。

▼「旋」を形の似た「施」と間違《まちが》えて「シ」と読まないように。

□□ 50 気分は**爽快**だ。 — そうかい

□□ 51 組合の**規約**を改定する。 — きやく

□□ 52 被《ひ》災《さい》地に物資を**供給**する。 — きょうきゅう

「供給」は「必要に応じて物を与《あた》えること」という意味。

□□ 53 芸術には**普遍的**な価値がある。 — ふへんてき

「普遍的」は「全てのものに当てはまる様子」という意味。

□□ 54 相手の意見を**尊重**する。 — そんちょう

□□ 55 **奇妙**な体験をする。 — きみょう

「妙」を形の似た「抄」と間違《まちが》えて「ショウ」と読まないように。

□□ 56 **太古**から変わらない大自然。 — たいこ

「太古」は「大昔」という意味。

□□ 57 悲願の優勝杯《はい》を**獲得**する。 — かくとく

「獲」は形の似た「穫」と同じ音読み。

□□ 58 稲《いね》の**脱穀**をする。 — だっこく

「脱穀」は「稲《いね》や麦の実を穂《ほ》から取り出すこと」という意味。

□□ 59 恋《こい》と友情の間で**葛藤**する。 — かっとう

「葛藤」は「心の中で相反する感情が絡《から》み合い、どれを取るか迷うこと」という意味。

□□ 60 **丹精**を込《こ》めて野菜を育てる。 — たんせい

「丹」を形の似た「舟」と間違《まちが》えて「シュウ」と読まないように。

第61位
▼
第80位

熟語の読み④

出るランク A B C

61 有名な画家の作品を**模倣**する。
もほう
「模倣」…

62 山の**輪郭**を描《えが》く。
りんかく
「輪郭」の「輪」は音読みで読む。形の似た「倫」と同じ音読み。

63 大学の講師を**委嘱**する。
いしょく
「委嘱」は「人に任せること」という意味。「属」と間違《まちが》えて「ゾク」と読まない。

64 **睡眠**時間を充分《じゅうぶん》に取る。
すいみん
「睡」は「垂」、「眠」は「民」と同じ音読み。

65 夏休みに父の田舎《いなか》に**帰省**する。
きせい

66 **静寂**に包まれた境内《けいだい》を歩く。
せいじゃく

67 何の**脈絡**もなく話し出す。
みゃくらく
「脈絡」は「論理的につながりのある筋道」という意味。

68 背後に人の**気配**を感じる。
けはい
「気配」の「気」を「キ」と読まないように。

69 卒業生に花束を**贈呈**する。
ぞうてい
「贈」は形の似た「増」「憎」と同じ音読み。

70 相手の**気迫**に圧倒《あっとう》される。

きはく

「迫」は形の似た「拍」「伯」「泊」と同じ音読み。

71 **大海原**にこぎ出す。

おおうなばら

「海原」は特別な読み方の言葉。

72 機材の故障に**起因**する事故。

きいん

73 仕上げの作業を**丹念**に行う。

たんねん

「丹念」は「丁寧《ていねい》に、真心を込《こ》めてする様子」という意味。

74 ある画家の人生の**軌跡**をたどる。

きせき

「軌跡」は「ある人や物事がたどってきたあと」という意味。

75 **断然**、新商品を薦《すす》める。

だんぜん

76 一週間の**休暇**を取る。

きゅうか

77 **凹凸**のある路面でつまずく。

おうとつ

漢字の位置を逆にして「凸凹」だと「でこぼこ」と読む特別な読み方の言葉。

78 著作者の**許諾**を得る。

きょだく

「許諾」は「願い事などを聞き入れ、許すこと」という意味。

79 ほっと**吐息**をつく。

といき

80 昔ながらの**漁村**を訪れる。

ぎょそん

第81位 ▼ 第100位

熟語の読み⑤

出るランク A B C

□□ 81 **示唆**に富んだ昔話を読む。

しさ

「示唆」は「教え知らせようとしてそれとなく示すこと」という意味。

□□ 82 海の恵《めぐ》みを**享受**する。

きょうじゅ

「享受」は、ここでは「受け入れて自分のものとして楽しむこと」という意味。

□□ 83 新商品の**特徴**を説明する。

とくちょう

「徴」は形の似た「懲」と同じ音読み。「微」と間違《まちが》えて「ビ」と読まないように。

□□ 84 寺の**境内**を散策する。

けいだい

「境内」の「境」を「キョウ」、「内」を「ナイ」と読まないように。

□□ 85 飛行機に**燃料**を補給する。

ねんりょう

□□ 86 **峡谷**を眺《なが》めながら温泉に入る。

きょうこく

□□ 87 この数年で**背丈**が伸《の》びた。

せたけ

□□ 88 新しい法案に**強硬**に反対する。

きょうこう

「強硬」は「自分の考えなどを強く押《お》し通そうとする様子」という意味。

□□ 89 現代社会に**警鐘**を鳴らす。

けいしょう

「警鐘」は「人々の注意を促《うなが》すもの」のたとえ。

□□ **90** **興奮**しながら試合を見守る。
　こうふん

□□ **91** 使用**頻度**の高い実験器具。
　ひんど
　「頻度」は「同じことが繰《く》り返される度合い」という意味。

□□ **92** 見事な出来映えに**驚嘆**する。
　きょうたん
　「驚」を形の似た「警」と間違《まちが》えて「ケイ」と読まないように。

□□ **93** 初めて**舞台**に上がる。
　ぶたい

□□ **94** 全員の思いが**凝縮**された言葉。
　ぎょうしゅく
　「凝」を形の似た「疑」や「擬」と間違《まちが》えて「ギ」と読まないように。

□□ **95** 言葉は時代とともに**変遷**する。
　へんせん

□□ **96** 経度と**緯度**を調べる。
　いど
　「緯」は形の似た「偉」と同じ音読み。

□□ **97** 間違《まちが》えた**箇所**を指摘《してき》される。
　かしょ
　「箇」を形の似た「個」「固」と間違《まちが》えて「コ」と読まないように。

□□ **98** 貴重な時間を**無駄**にする。
　むだ

□□ **99** 人前に出ると**緊張**する。
　きんちょう

□□ **100** 勝敗の**行方**をじっと見守る。
　ゆくえ
　「行方」は特別な読み方の言葉。

第101位 ▼ 第120位

熟語の読み⑥

出るランク A B C

101 東京近郊に家を買う。
きんこう
「郊」は形の似た「効」と同じ音読み。

102 勇猛果敢《かかん》に立ち向かう。
ゆうもう

103 この店は客の回転が速い。
かいてん

104 害虫を駆除する。
くじょ
「駆除」は「害虫やねずみなどを殺すなどして追い払《はら》うこと」という意味。

105 今年の所得を申告する。
しんこく

106 試合前に屈伸運動をする。
くっしん
「屈伸」は反対の意味の漢字を組み合わせた熟語。

107 水滴がしたたり落ちる。
すいてき
「滴」は形の似た「敵」「適」「摘」と同じ音読み。

108 定期的に避難《ひなん》訓練を行う。
くんれん

109 問題が一挙に解決する。
いっきょ
「一挙に」は「一度に。いっぺんに」という意味。

110 この商品は**是非**、試してみたい。
ぜひ

111 山間の**渓流**付近でひと休みする。
けいりゅう

112 大声で話すのを**遠慮**する。
えんりょ
「慮」は形の似た「虜」と同じ音読み。

113 子どもたちが**一斉**に駆《か》け出す。
いっせい
「斉」を形の似た「済」「斎」と間違《まちが》えて「サイ」と読まないように。

114 オリンピックの**聖火**がともる。
せいか

115 **懸命**に練習を続ける。
けんめい
「懸」は同じ部分をもつ「県」と同じ音読み。

116 美術の時間に**静物画**を描《か》く。
せいぶつが

117 **謙虚**な人柄《ひとがら》が好まれる。
けんきょ
「謙」は同じ部分をもつ「兼」と同じ音読み。

118 実力の差が**顕著**だ。
けんちょ

119 見る者に**鮮烈**な印象を与《あた》える。
せんれつ
「烈」は形の似た「列」「裂」と同じ音読み。

120 **厳密**に規則を守る。
げんみつ

漢字編

漢字・語句の知識編

文法編

第121位 ▼ 第140位

熟語の読み⑦

出るランク A B C

121 後輩《こうはい》の**相談**に乗る。
そうだん

122 勉強と部活動に**多忙**な日々を送る。
たぼう
「忙」は同じ部分をもつ「亡」と同じ音読み。

123 金銭**貸借**の契約《けいやく》書を交わす。
たいしゃく

124 見聞きしたことを**誇張**して話す。
こちょう
「誇張」は「実際よりも大げさに言うこと」という意味。

125 人のミスを**大仰**に騒《さわ》ぎ立てる。
おおぎょう
「仰」を形の似た「抑」と間違《まちが》えて「ヨク」と読まないように。

126 近所の**公園**に散歩に出かける。
こうえん

127 **棚田**とは、傾斜《けいしゃ》地にある稲作《いなさく》地だ。
たなだ

128 訪問先で**厚遇**を受ける。
こうぐう
「遇」は形の似た「偶」「隅」と同じ音読み。

129 作品に**工夫**を凝《こ》らす。
くふう
「工夫」の「夫」は、「夫婦」の「夫」と同じ読み方。

□□ 130 **弾力**のあるマットレス。
だんりょく
「弾」を形の似た「禅」と間違《まちが》えて「ゼン」と読まないように。

□□ 131 **豪快**な漁師料理を食べる。
ごうかい

□□ 132 さけの**稚魚**を川に放流する。
ちぎょ
「稚」を形の似た「雅」と間違《まちが》えて「ガ」と読まないように。

□□ 133 当時の様子を**克明**に語る。
こくめい
「克明」は「小さなことまで詳《くわ》しく、丁寧《ていねい》である様子」という意味。

□□ 134 **著名**な作家の新刊書を読む。
ちょめい
「著」を形の似た「署」と間違《まちが》えて「ショ」と読まないように。

□□ 135 細かい作業で目を**酷使**する。
こくし

□□ 136 **卓越**した技術を誇《ほこ》る。
たくえつ
「卓越」は「他のものよりずば抜《ぬ》けて優れていること」という意味。

□□ 137 会員同士の**親睦**を深める。
しんぼく

□□ 138 逆転勝ちして**痛快**な気分になる。
つうかい
「痛快」は「非常にゆかいな様子」という意味。

□□ 139 既《き》成《せい》概《がい》念《ねん》を**根底**から覆《くつがえ》す。
こんてい

□□ 140 この先どうすべきか**途方**に暮れる。
とほう
「途」を形の似た「除」「徐」と間違《まちが》えて「ジョ」と読まないように。

熟語の読み⑧

第141位
▼
第160位

出るランク
A B C

141 人気店の行列の最後尾に並ぶ。
さいこうび
「最後尾」の「後」を「ゴ」、「尾」を「お」と読まないように。

142 環境《かんきょう》問題について討論する。
とうろん

143 哀愁を帯びたメロディー。
あいしゅう
「哀愁」は「何となく寂《さび》しくもの悲しい感じ」という意味。

144 犬ぞりで北極を踏破する。
とうは
「踏破」は「長く苦しい道のりを最後まで歩き通すこと」という意味。

145 好奇《こうき》心が刺激される作品。
しげき

146 エタノールは無色透明な液体だ。
とうめい

147 漫才《まんざい》師が毒舌を振《ふ》るう。
どくぜつ
「毒舌」は「非常に口が悪いこと」という意味。

148 全国大会優勝の栄誉に輝《かがや》く。
えいよ

149 最後の大会で完全燃焼する。
ねんしょう
「燃」は「天然」の「然」と同じ音読み。

□□ 150 なき祖母に**思慕**の念を抱《いだ》く。
しぼ
「慕」は形の似た「墓」「募」「暮」と同じ音読み。

□□ 151 絵の具で**濃淡**を付ける。
のうたん
「濃淡」は、反対の意味の漢字を組み合わせた熟語。

□□ 152 部隊の**指揮**を執《と》る。
しき

□□ 153 ロンドン支社に**派遣**される。
はけん
「遣」と形の似た「遺」と間違《まちが》えて「イ」と読まないように。

□□ 154 上司の**指図**を受けて行動する。
さしず
「指図」の「指」は、音読みで「シ」とは読まないので注意。

□□ 155 蚊《か》を**媒介**とした伝染病。
ばいかい
「媒」を「某」や「謀」と間違《まちが》えて「ボウ」と読まないように。

□□ 156 新しい**紙幣**が発行される。
しへい
「幣」は形の似た「弊」と同じ音読み。

□□ 157 **麦芽**百パーセントのビール。
ばくが

□□ 158 歌うことが私の**至上**の喜びだ。
しじょう
「至」を形の似た「致」と間違《まちが》えて「チ」と読まないように。

□□ 159 人生の**悲哀**を感じる。
ひあい

□□ 160 重要な**事柄**について伝える。
ことがら

第161位▼第180位

熟語の読み⑨

出るランク A B C

161 **微妙**な変化が見られる。
びみょう
「微」を形の似た「徴」と間違《まちが》えて「チョウ」と読まないように。

162 状況《じょうきょう》**次第**で柔軟《じゅうなん》に対応する。
しだい

163 故人に**哀悼**の意を表する。
あいとう
「悼」は「卓」と間違《まちが》えて「タク」と読まないように。

164 その品種は、偶然《ぐうぜん》の**産物**だ。
さんぶつ

165 長男に**家督**を譲《ゆず》る。
かとく
「家督」は「相続する一家の長としての身分」という意味。

166 シンデレラが**舞踏**会に出る。
ぶとう
「舞踏」を「舞踊」と間違《まちが》えて「ブヨウ」と読まないように。

167 **趣向**を凝《こ》らしたパーティー。
しゅこう
「趣向」は「味わい・面白みを出すための工夫」という意味。

168 **平穏**無事を祈《いの》る。
へいおん
「穏」を形の似た「隠」と間違《まちが》えて「イン」と読まないように。

169 珍《めずら》しい切手を**収集**する。
しゅうしゅう

□□ 170 大臣を**罷免**する。
ひめん
▼「罷免」は「役職を辞めさせること」という意味。

□□ 171 **隣家**に若夫婦が越《こ》してくる。
りんか
▼「隣家」は、「隣」も「家」も音読みで読む。

□□ 172 交通事故を**撲滅**する。
ぼくめつ
▼「撲」は形の似た「僕」と同じ音読み。

□□ 173 **累積**する赤字を解消する。
るいせき
▼「累」は形の似た「塁」と同じ音読み。

□□ 174 **凡庸**な作品に退屈《たいくつ》する。
ぼんよう
▼「凡庸」は「特に優れたところがなく、人並みであること」という意味。

□□ 175 未知の**惑星**が発見される。
わくせい

□□ 176 彼《かれ》の発言を善意に**解釈**する。
かいしゃく
▼「釈」は同じ部分をもつ「尺」と同じ音読み。

□□ 177 多くの**矛盾**を抱《かか》える。
むじゅん
▼「矛」を形の似た「予」と間違《まちが》えて「ヨ」と読まないように。

□□ 178 父の**書斎**で勉強する。
しょさい
▼「斎」を形の似た「斉」と間違《まちが》えて「セイ」と読まないように。

□□ 179 地元の**銘菓**を土産《みやげ》にする。
めいか
▼「銘菓」は「名の知れ渡《わた》った上等な菓子」という意味。

□□ 180 自学自習を**奨励**する。
しょうれい

第181位
▼
第200位

熟語の読み⑩

出るランク
A B C

181 後輩《こうはい》に模範を示す。
もはん
「模」を他の音読みで「ボ」と読まないように。

182 資料室で文献《ぶんけん》を閲覧する。
えつらん
「閲覧」は「図書室などで本などの資料を見ること」という意味。

183 家族に友人を紹介する。
しょうかい
「紹」は形の似た「招」と同じ音読み。

184 吉報《きっぽう》を知り、有頂天になる。
うちょうてん
「有頂天」の「有」を他の音読みで「ユウ」と読まないように。

185 契約《けいやく》の話し合いが円滑に進む。
えんかつ
「円滑」の「滑」を他の音読みで「コツ」と読まないように。

186 かつては養蚕が盛んだった地域。
ようさん

187 交渉《こうしょう》の障壁を取り除く。
しょうへき
「壁」は形の似た「癖」「璧」と同じ音読み。

188 夏休みに酪農家の叔父《おじ》を訪ねる。
らくのうか
「酪」を形の似た「各」「格」と間違《まちが》えて「カク」と読まないように。

189 不安で生きた心地がしない。
ここち
「心地」は特別な読み方の言葉。

190 □□ 直前で危険を**回避**する。

かいひ

▼ 「避」を形の似た「壁」「癖」「璧」と間《ま》違《ちが》えて「ヘキ」と読まないように。

191 □□ 地域の産業を**振興**する。

しんこう

▼ 「振興」は「盛んにすること」という意味。同音異義語の「新興」と区別する。

192 □□ 学校の**廊下**を掃除《そうじ》する。

ろうか

193 □□ **俊敏**な動きのスポーツ選手。

しゅんびん

▼ 「俊敏」は「頭の働きがよくて、行動が素早いこと」という意味。

194 □□ 教科書に**準拠**した問題集。

じゅんきょ

▼ 「準拠」は「あるものをより所とし、それに従うこと」という意味。

195 □□ 相手に**純粋**な好意を向ける。

じゅんすい

196 □□ 県が**管轄**する土地が売却《ばいきゃく》される。

かんかつ

▼ 「轄」は形の似た「割」と同じ音読み。

197 □□ 期待と不安が胸に**交錯**する。

こうさく

▼ 「錯」を形の似た「借」「惜」と間違《まちが》えて「シャク」「セキ」と読まないように。

198 □□ **精魂**込《こ》めて作品を作り上げる。

せいこん

199 □□ 犯行の**証拠**となる品が発見される。

しょうこ

▼ 「証拠」の「拠」を他の音読みで「キョ」と読まないように注意。

200 □□ コンプレックスを**克服**する。

こくふく

▼ 「克服」は「努力して苦しいことや難しいことに打ち勝つこと」という意味。

第201位
▼
第220位

熟語の読み⑪

出るランク A B C

□□ 201 壮《そう》大《だい》な**規模**の計画を立てる。
きぼ

□□ 202 景気回復の**兆候**が見られる。
ちょうこう
▼「兆」は「挑」「眺」「跳」と同じ音読み。「逃」と間違《まちが》えて「トウ」と読まない。

□□ 203 強豪《きょうごう》を相手に**敢闘**する。
かんとう
▼「敢闘」は「勇敢に戦うこと」という意味。「敢闘賞」などのようにも使う。

□□ 204 食材を慎重《しんちょう》に**吟味**する。
ぎんみ
▼「吟味」は「内容・質などを念入りに調べること」という意味。

□□ 205 時代を超《こ》えた**不朽**の名作。
ふきゅう
▼「朽」を形の似た「巧」と間違《まちが》えて「コウ」と読まないように。

□□ 206 決死の**覚悟**で告白する。
かくご

□□ 207 精神を**鍛練**する。
たんれん
▼「鍛」を形の似た「段」と間違《まちが》えて「ダン」と読まないように。

□□ 208 彼《かれ》は**繊細**な心の持ち主だ。
せんさい

□□ 209 **奮起**して、大いに取り組む。
ふんき
▼「奮」を形の似た「奪」と間違《まちが》えて「ダツ」と読まないように。

□□ 210 古い制度が**崩壊**する。

ほうかい

「壊」は形の似た「懐」と同じ音読み。

□□ 211 長い**沈黙**を破って話し始める。

ちんもく

□□ 212 **光沢**のある生地のドレスを着る。

こうたく

「沢」は形の似た「択」と同じ音読み。

□□ 213 釣《つ》り針に大きな**獲物**がかかる。

えもの

「獲物」は「獲」も「物」も訓読みで読む。

□□ 214 もはや一刻の**猶予**もない。

ゆうよ

「猶予」は、ここでは「迷ってぐずぐずすること」という意味。

□□ 215 この辺りは**起伏**に富んだ地形だ。

きふく

「伏」を形の似た「状」と間違《まちが》えて「ジョウ」と読まないように。

□□ 216 ばらの**芳香**が周囲に漂《ただよ》う。

ほうこう

「芳香」は「よい香り」という意味。類義語は「香気」、対義語は「悪臭《あくしゅう》」。

□□ 217 **狩猟**民族の歴史を調べる。

しゅりょう

□□ 218 国産のうなぎが**珍重**される。

ちんちょう

「珍重」の「重」と同じ音読みをする熟語に「貴重」「尊重」がある。

□□ 219 自分の気持ちを**率直**に話す。

そっちょく

「率直」の「率」は形の似た「卒」と同じ音読みで読む。

□□ 220 **素朴**な雰囲気《ふんいき》の民芸品を選ぶ。

そぼく

「素朴」の「素」を他の音読みで「ス」と読まないように。

第221位
▼
第240位

熟語の読み⑫

出るランク A B C

□□ 221 交通ルールを**遵守**する。
じゅんしゅ
「遵守」は「法律などに従い、それを守ること」という意味。

□□ 222 **元来**好き嫌《きら》いは少ないほうだ。
がんらい
「元来」の「元」を他の音読みで「ゲン」と読まないように。

□□ 223 **膨大**な量の仕事をこなす。
ぼうだい

□□ 224 聴衆《ちょうしゅう》から**賛嘆**の声が上がる。
さんたん
「賛嘆」は「深く感心して褒《ほ》めること」という意味。

□□ 225 **荘重**な音楽が鳴り響《ひび》く。
そうちょう
「荘」は同じ部分をもつ「壮」と同じ音読み。

□□ 226 壁《かべ》にペンキを**塗布**する。
とふ
「塗布」は「薬や塗料などを塗《ぬ》り付けること」という意味。

□□ 227 状況《じょうきょう》を**逐次**説明する。
ちくじ
「逐次」は「順々に」という意味。「遂」と間違《まちが》えて「スイ」と読まないように。

□□ 228 そんな考えは**机上**の空論だ。
きじょう
「机上の空論」は「頭の中だけで考えた実際には役に立たない理論」のこと。

□□ 229 社会の**秩序**を保つ。
ちつじょ

230 **柔和**な表情の仏像。
にゅうわ
「柔和」の「柔」を他の音読みで「ジュウ」と読まないように。

231 過ぎ去った日々を**追憶**する。
ついおく
「憶」は形の似た「億」と同じ音読み。

232 先方の依頼《いらい》を**承諾**する。
しょうだく

233 **擬態語**を使って生き生きと表現する。
ぎたいご
「擬」は形の似た「凝」と間違《まちが》えて「ギョウ」と読まないように。

234 互《たが》いに意思の**疎通**を図る。
そつう

235 新たに従業員を**雇用**する。
こよう
「雇」は形の似た「顧」と同じ音読み。

236 願書に必要書類を**添付**する。
てんぷ

237 **秀逸**な作品に感動する。
しゅういつ
「秀逸」は「同類のものの中で他より優れていること」という意味。

238 **浅薄**な知識では太刀《たち》打ちできない。
せんぱく
「浅薄」の「薄」は、「浅」という「ん」で終わる語に続くので半濁音《はんだくおん》で読む。

239 チャンスを**辛抱**強く待ち続ける。
しんぼう
「抱」は、「辛」という「ん」で終わる語に続くので濁音《だくおん》で読む。

240 待てば海路の**日和**あり。
ひより
「日和」は特別な読み方の言葉。

第1位▼第20位

一字の漢字の書き取り①

出るランク A B C

1. 湖に釣《つ》り糸を**タ**らす。
2. 一族で飲食業を**イトナ**む。
3. 切なる祈《いの》りが天に**トド**く。
4. マフラーを**ア**む。
5. とっぷりと日が**ク**れる。
6. いつでも平常心を**タモ**つ。
7. **ヒタイ**を集めて相談する。
8. 拍手喝采《はくしゅかっさい》を**ア**びる。
9. 荒《あ》れ地を**タガヤ**す。

1. 垂らす
2. 営む　送り仮名は「なむ」ではなく「む」であることに注意。
3. 届く　「由」の部分を「田」と書かないように。
4. 編む　形の似た「偏」と書き間違《まちが》えないように。
5. 暮れる　形の似た「墓」「慕」「募」と書き間《ま》違《ちが》えないように。
6. 保つ
7. 額
8. 浴びる　形の似た「俗」「溶」と書き間違《まちが》えないように。
9. 耕す　左側の部分の横棒の数に注意。送り仮名は「やす」ではなく「す」。

□□ 10 船頭が巧《たく》みに舟《ふね》を**アヤツ**る。

操る

形の似た「繰《く》る」と書き間違《まちが》えないように。

□□ 11 前の走者との距離《きょり》を**チヂ**める。

縮める

送り仮名は「る」ではなく「める」であることに注意。

□□ 12 縦一列に**ナラ**ぶ。

並ぶ

四〜七画目は、中央から外側へと順番に書くことに注意。

□□ 13 木の**ミキ**にせみが止まる。

幹

左側を「車」、右側を「干」と書かないように。

□□ 14 監督《かんとく》がチームを**ヒキ**いる。

率いる

形の似た「卒」と書き間違《まちが》えないように。

□□ 15 外出先でタクシーを**ヒロ**う。

拾う

反対の意味の「捨てる」とまとめて覚える。

□□ 16 相手との信頼《しんらい》関係を**キズ**く。

築く

□□ 17 祖父の知恵《ちえ》を**カ**りる。

借りる

反対の意味の「貸す」とまとめて覚える。

□□ 18 幼少期から絵画の才能に**ト**む。

富む

□□ 19 閉め切った室内が**ム**す。

蒸す

「ムす」は、ここでは「気温が高く湿《しめ》っていて非常に暑く感じる」の意味。

□□ 20 委員の中心となって**ハタラ**く。

働く

形の似た「動」と書き間違《まちが》えないように。

第21位
▼
第40位

一字の漢字の書き取り②

出るランク
A B C

21 全国各地の秘湯を**タズ**ねる。
訪ねる
同訓異字の「**尋**ねる」と区別する。

22 **キュウ**な大雨に慌《あわ》てる。
急

23 室内で小型犬を**カ**う。
飼う
同訓異字の「**買**う」と区別する。

24 目上の人を**ウヤマ**う。
敬う
送り仮名にも注意して覚える。

25 彼《かれ》の発言が静寂《せいじゃく》を**ヤブ**る。
破る

26 じゅうたんを**オ**る。
織る
形の似た「**職**」「**識**」と書き間違《まちが》えないように。

27 コップの縁《ふち》が**カ**ける。
欠ける

28 **ハリ**に糸を通す。
針

29 **イチジル**しい変化が見られる。
著しい
送り仮名は「るしい」ではなく「しい」であることに注意。

30 五十年の歴史に**マク**を下ろす。
幕
▼ 形の似た「暮」「募」「慕」「墓」と書き間《ま》違《ちが》えないように。

31 **ケワ**しい山道を歩く。
険しい
▼ 形の似た「検」「倹」「剣」と書き間《ま》違《ちが》えないように。

32 鳥が**ム**れを成して飛ぶ。
群れ
▼ 形の似た「郡」と書き間《ま》違《ちが》えないように。

33 自然が**ユタ**かな土地で暮らす。
豊か

34 観光船に**ノ**る。
乗る

35 川の流れに**サカ**らう。
逆らう

36 予想外の事態が**オ**こる。
起こる

37 大きく息を**ス**う。
吸う
▼ 形の似た「扱」と書き間《ま》違《ちが》えないように。

38 不用意な発言で誤解を**マネ**く。
招く
▼ 形の似た「紹」と書き間《ま》違《ちが》えないように。

39 海面が夕日に**ソ**まる。
染まる
▼ 「九」の部分を「丸」と書かないように。

40 初日の出を**オガ**む。
拝む
▼ 右側の部分の横棒の数に注意。

第41位
▼
第60位

一字の漢字の書き取り③

出るランク A **B** C

□□ 41 フロントに荷物を**アズ**ける。
預ける
「予」の部分を「矛」と書かないように。

□□ 42 運命に身を**ユダ**ねる。
委ねる

□□ 43 手に負えなくて、さじを**ナ**げる。
投げる

□□ 44 トラブルに**タダ**ちに対応する。
直ちに
送り仮名にも注意して覚える。

□□ 45 人間の**ハイ**の仕組みを学ぶ。
肺

□□ 46 **ビョウ**単位で時間を計る。
秒

□□ 47 隣人《りんじん》の気**ヅカ**いに感謝する。
遣い
同訓異字「使」と書かないように。

□□ 48 無礼な発言に**ハラ**を立てる。
腹

□□ 49 無駄《むだ》な手順を**ハブ**く。
省く

50 身を**コ**にして働く。

粉

同じ部分をもつ「粒」と書き間違《まちが》えないように。

51 休暇《きゅうか》を取って英気を**ヤシナ**う。

養う

「英気をヤシナう」は「元気を取り戻《もど》す。活力を蓄《たくわ》える」という意味。

52 運動後に水分を**オギナ**う。

補う

形の似た「捕」と書き間違《まちが》えないように。

53 桜の花びらが舞《ま》い**チ**る。

散る

54 税金を**オサ**める。

納める

同訓異字の「収」「修」「治」と書き分ける。

55 朝日が大地を**テ**らす。

照らす

形の似た「昭」と書き間違《まちが》えないように。

56 窮地《きゅうち》に陥《おちい》った友人に手を**カ**す。

貸す

「カす」の対義語は「借りる」。

57 時の**イキオ**いに乗じる。

勢い

「丸」の部分を「九」、「力」の部分を「刀」と書かないように。

58 **オサナ**い頃《ころ》の思い出。

幼い

右側の部分を「刀」と書かないように。

59 作物に肥料を**ホドコ**す。

施す

60 知人を**カイ**して知り合う。

介して

第61位
▼
第80位

一字の漢字の書き取り④

出るランク
A B C

61 新しい生活に**ナ**れる。
慣れる
右側の部分を「貴」と書かないように。

62 **コマ**かい点まで考える。
細かい

63 **アブ**ない橋を渡《わた》らずに済む。
危ない
送り仮名は「い」ではなく「ない」であることに注意。

64 けんかした二人を公平に**サバ**く。
裁く
形の似た「栽」と書き間違《まちが》えないように。

65 相手チームの迫力《はくりょく》に**マ**ける。
負ける

66 相手の心情を**サッ**する。
察する
同音異字の「擦」や形の似た「際」と書き間違《まちが》えないように。

67 チームを勝利に**ミチビ**く。
導く

68 最後の切り**フダ**を出す。
札
形の似た「礼」と書き間違《まちが》えないように。

69 初舞台《ぶたい》で主役を**ツト**める。
務める
同訓異字の「努める」「勤める」と区別する。

70 太陽が雲間からスガタを現す。

71 新人に期待をヨせる。

72 名司会でナるアナウンサー。

73 強烈《きょうれつ》な印象をノコす。

74 生まれ育った土地にカエる。

75 文化祭の劇で主役をエンじる。

76 文字を書きアヤマる。

77 互《たが》いに互《たが》いをササえる。

78 りんごがエダもたわわに実る。

79 軒下《のきした》につばめがスを作る。

80 検証実験をココロみる。

70 姿 ▼形の似た「婆」と書き間違《まちが》えないように。

71 寄せる

72 鳴る ▼「ナる」は、ここでは「知れ渡《わた》る」の意味。同訓異字の「成る」と区別する。

73 残す

74 帰る ▼同訓異字の「返る」と区別する。

75 演じる

76 誤る ▼同訓異字の「謝る」と区別する。

77 支える

78 枝 ▼形の似た「技」と書き間違《まちが》えないように。

79 巣 ▼形の似た「果」と書き間違《まちが》えないように。

80 試みる

第81位
▼
第100位

一字の漢字の書き取り⑤

出るランク
A B C

81 山の**イタダキ**にたどり着く。
頂
「イタダキ」は「てっぺん」という意味の場合、「き」を送らないので注意。

82 **スミ**やかに退去する。
速やか

83 その説明で十分**タ**りる。
足りる

84 母にしぐさがよく**ニ**る。
似る
形のにた「以」と書き間違《まちが》えないように。

85 詳《くわ》しい説明を**ツヅ**ける。
続ける

86 無理な申し出を**コトワ**る。
断る
送り仮名は「わる」ではなく「る」であることに注意。

87 それとなく答えを**シメ**す。
示す

88 夜空の星を**ナガ**める。
眺める
形のにた「跳」「挑」「桃」と書き間《ま》違《ちが》えないように。

89 不要になった家具を**ス**てる。
捨てる
反対の意味の「拾う」とまとめて覚える。

90 台風がそれる確率は**ヒク**い。

低い

形のにた「抵」と書き間《ま》違《ちが》えないように。

91 不義理をしたことを**アヤマ**る。

謝る

同訓異字の「誤る」と区別する。

92 開始を告げる**フエ**が鳴る。

笛

形のにた「苗」と書き間《ま》違《ちが》えないように。

93 お寺のお**ドウ**に正座する。

堂

94 **ココロヨ**い風が吹《ふ》き抜《ぬ》ける。

快い

「心良い」と書き間《ま》違《ちが》えないように。

95 部活動に情熱を**モ**やす。

燃やす

形や意味合いのにた「焼（く）」と書き間《ま》違《ちが》えないように。

96 部長になるのは荷が**オモ**い。

重い

97 **ノウ**や心臓の働きを調べる。

脳

同音異字の「悩」と区別する。

98 **トオ**い日の記《き》憶《おく》を呼び起こす。

遠い

99 目の**カタキ**にされて困る。

敵

形のにた「滴」「適」「摘」「嫡」と書き間《ま》違《ちが》えないように。

100 暑さで弁当が**イタ**む。

傷む

同訓異字の「痛む」と区別する。

第101位
▼
第120位

一字の漢字の書き取り⑥

出るランク A B C

101 自分の**ヒ**を認める。
非
同音異字の「否」と書き間違《まちが》えないように。

102 僧侶《そうりょ》が念仏を**トナ**える。
唱える

103 文学館で入場**ケン**を購入《こうにゅう》する。
券
形の似た「巻」と書き間違《まちが》えないように。

104 **アツ**い雲が空を覆《おお》う。
厚い
同訓異字の「熱い」「暑い」と区別する。

105 パイ生地が**ソウ**を成す。
層

106 交通事故で重傷を**オ**う。
負う
同訓異字の「追う」と区別する。

107 食パンがこんがり**ヤ**ける。
焼ける
形や意味合いの似た「燃(やす)」と書き間違《まちが》えないように。

108 彼《かれ》は人の上に立つ**ウツワ**だ。
器

109 人の恨《うら》みを**カ**うことは避《さ》ける。
買う
同訓異字の「飼う」と書き間違《まちが》えないように。

110 人々の**アタタ**かい心に触《ふ》れる。
温かい
同訓異字の「暖かい」と区別する。

111 強烈《きょうれつ》な個性を**ハナ**つ。
放つ

112 郊外《こうがい》に新居を**カマ**える。
構える
形の似た「講」「購」と書き間《ま》違《ちが》えないように。

113 電車内に傘《かさ》を**ワス**れる。
忘れる

114 秋には新居に**ウツ**る。
移る
同訓異字の「映る」「写る」と区別する。

115 今月の**スエ**に引っ越《こ》す。
末
形の似た「未」と書き間《ま》違《ちが》えないように。

116 どちらを選ぶかで**マヨ**う。
迷う

117 明るい未来を**シン**じる。
信じる

118 酔《よ》い止めの**クスリ**を飲む。
薬
形の似た「楽」と書き間《ま》違《ちが》えないように。

119 教訓を心に**キザ**む。
刻む
形の似た「核」と書き間《ま》違《ちが》えないように。

120 茶わんにご飯を**モ**る。
盛る

第121位 ▼ 第140位

一字の漢字の書き取り⑦

出るランク A B C

121 ほっと**イキ**をつく。
息

122 軽めの昼食を**ス**ます。
済ます
形の似た「剤」と書き間《ま》違《ちが》えないように。

123 遠くに友人の姿を**ミト**める。
認める

124 しんしんと雪が降り**ツ**もる。
積もる
形の似た「績」と書き間《ま》違《ちが》えないように。

125 気合いを入れて本番に**ノゾ**む。
臨む
同訓異字の「望む」と区別する。

126 人の話の腰《こし》を**オ**る。
折る
「腰《こし》をオる」は「妨《さまた》げる」という意味。形の似た「析」「祈」に注意。

127 スポーツの**サカ**んな学校。
盛ん

128 話し合いの場を**モウ**ける。
設ける
「モウける」は、ここでは「前もって用意する。準備する」という意味。

129 帰宅後に、まず手を**アラ**う。
洗う

□□ 130 ダム完成に十年の歳月《さいげつ》を**ツイ**やす。

費やす

送り仮名は「す」ではなく「やす」であることに注意。

□□ 131 運動会の日程が雨天のため**ノ**びる。

延びる

同訓異字の「伸びる」と区別する。

□□ 132 **ワカ**い世代に希望を託《たく》す。

若い

形の似た「苦」と書き間違《まちが》えないように。

□□ 133 新しく習った漢字を**オボ**える。

覚える

□□ 134 この荷物は比較的《ひかく》**カル**い。

軽い

形の似た「転」と書き間違《まちが》えないように。

□□ 135 強い決意を胸に**ヒ**める。

秘める

形の似た「必」「泌」と書き間違《まちが》えないように。

□□ 136 先を**アラソ**うように走り出す。

争う

□□ 137 兄弟だが顔立ちも気質も**コト**なる。

異なる

□□ 138 観光地として**サカ**える。

栄える

□□ 139 前回の当選者は候補から**ノゾ**く。

除く

形の似た「徐」と書き間違《まちが》えないように。

□□ 140 定年で現職を**シリゾ**く。

退く

送り仮名は「ぞく」ではなく「く」であることに注意。

第141位
▼
第160位

一字の漢字の書き取り⑧

出るランク
A
B
C

□□ 141 野球部の優勝を**イワ**う。
祝う
▼形の似た「呪」「況」などと書き間《ま》違《ちが》えないように。

□□ 142 仏前に花を**キョウ**する。
供する
▼「キョウする」は、ここでは「差し出す。そなえる」という意味。

□□ 143 休日は家族で**ス**ごす。
過ごす

□□ 144 柱時計が正午を**ツ**げる。
告げる

□□ 145 すべきことが多すぎて**コマ**る。
困る
▼形の似た「因」と書き間《ま》違《ちが》えないように。

□□ 146 大型の台風に**ソナ**える。
備える
▼同訓異字の「供える」と区別する。

□□ 147 ドレス用の布地を**タ**つ。
裁つ
▼同訓異字の「絶つ」「断つ」と区別する。

□□ 148 大木の切り**カブ**に腰《こし》を下ろす。
株

□□ 149 堂々と胸を**ハ**る。
張る
▼同訓異字の「貼る」と区別する。

□□ 150 役者としての**メ**が出る。
芽
同訓異字の「目」と区別する。

□□ 151 各国が熱い視線を**ソソ**ぐ巨大市場《きょだいしじょう》。
注ぐ
形の似た「柱」「住」と書き間違《まちが》えないように。

□□ 152 この物語は史実に**モト**づく。
基づく
同訓異字の「元」「本」と書き間違《まちが》えないように。

□□ 153 この機械の使い方は**ヤサ**しい。
易しい
同訓異字の「優しい」と区別する。

□□ 154 事の真相を**タシ**かめる。
確かめる
送り仮名は「める」ではなく「かめる」であることに注意。

□□ 155 多くの友人と**マジ**わる。
交わる
送り仮名は「じわる」ではなく「わる」。ここでは「付き合う」という意味。

□□ 156 顧客《こきゃく》の注文に**オウ**じる。
応じる

□□ 157 **オゴソ**かに儀式《ぎしき》を執《と》り行う。
厳か
「オゴソか」は「いかめしくて重々しい」という意味。

□□ 158 古新聞や雑誌を**タバ**ねる。
束ねる

□□ 159 徒競走で一位になって**ハナ**が高い。
鼻
同訓異字の「花」「華」と区別する。

□□ 160 世界平和を心から**ノゾ**む。
望む
同訓異字の「臨む」と区別する。

第161位
▼
第180位

一字の漢字の書き取り⑨

出るランク

A B C

161 幼子《おさなご》が声を立てて**ワラ**う。 — 笑う

162 自分の欠点を**アラタ**める。 — 改める
送り仮名は「る」ではなく「める」であることに注意。

163 思わず顔を**ソム**ける。 — 背ける
「ソムける」は「他のほうへ向ける」という意味。

164 時間の**ユル**す限り観光地を巡《めぐ》る。 — 許す

165 家族で食卓《しょくたく》を**カコ**む。 — 囲む

166 中学卒業後の進路に**ナヤ**む。 — 悩む
形の似た「**脳**」と書き間違《まちが》えないように。

167 話し合いが深夜にまで**イタ**る。 — 至る
形の似た「**致**」と書き間違《まちが》えないように。

168 事実かどうかを**ウタガ**う。 — 疑う
送り仮名は「がう」ではなく「う」であることに注意。

169 **キビ**しい評価を受ける。 — 厳しい

□□ 170 馬が驚《おどろ》いて**アバ**れる。

□□ 171 決められた基準に**ソ**う。

□□ 172 ついに転機が**オトズ**れる。

□□ 173 日ごとに不安感が**へ**る。

□□ 174 舞《ぶ》台《たい》の幕を**ト**じる。

□□ 175 じっくりと作戦を**ネ**る。

□□ 176 海中を魚の群れが**オヨ**ぐ。

□□ 177 頭痛がようやく**オサ**まる。

□□ 178 心身ともに**スコ**やかに育つ。

□□ 179 **ホガ**らかな話し声が聞こえる。

□□ 180 市場の拡大を**キソ**う。

170 **暴れる**

形の似た「**爆**」と書き間違《まちが》えないように。

171 **沿う**

同訓異字の「**添う**」と区別する。

172 **訪れる**

173 **減る**

形の似た「**滅**」「**域**」と書き間違《まちが》えないように。

174 **閉じる**

反対の意味の言葉は「**開く**」。

175 **練る**

形の似た「**棟**」と書き間違《まちが》えないように。

176 **泳ぐ**

右側の部分を「**氷**」と書かないように。

177 **治まる**

同訓異字の「**収まる**」「**納まる**」「**修まる**」と区別する。

178 **健やか**

形の似た「**建**」と書き間違《まちが》えないように。

179 **朗らか**

形の似た「**郎**」と書き間違《まちが》えないように。

180 **競う**

第181位
▼
第200位

一字の漢字の書き取り⑩

出るランク
A B C

181 九月の下旬《げじゅん》だが、まだ**アツ**い。
暑い
同訓異字の「**熱**い」「**厚**い」と区別する。

182 **シズ**かに自分の席に着く。
静か

183 夜間はこの**アタ**りは真っ暗だ。
辺り
「**当**たり」ではないので注意。

184 川の水が渦《うず》を**マ**く。
巻く
形の似た「**券**」と書きまちがえないように。

185 「**ナラ**うより慣れろ」だと言われる。
習う

186 全国から代表選手が**ツド**う。
集う
「ツドう」は「あつまる」という意味。

187 妹は姉に**ワ**をかけたのんびり屋だ。
輪
形の似た「**輸**」「**論**」と書きまちがえないように。

188 誰《だれ》に対しても礼儀《れいぎ》正しく**セッ**する。
接する
「セッする」は、「セツ」という音読みの漢字に「する」が付いて動詞化したもの。

189 期待に**ムネ**が躍《おど》る。
胸

190 数年後に**フタタ**び巡《めぐ》り合う。
再び
送り仮名は「たび」ではなく「び」であることに注意。

191 **ムズカ**しい課題に取り組む。
難しい
左側の部分を「𦰩」と書かないように。

192 **ニガ**い経験を次に生かす。
苦い
形の似た「若」と書きまちがえないように。

193 幼子《おさなご》の笑顔《えがお》に場が**ナゴ**む。
和む
「ナゴむ」は「やわらぐ」という意味。

194 畑の作物に**コ**やしを与《あた》える。
肥やし
送り仮名は「し」ではなく「やし」であることに注意。

195 生命の**ミナモト**となる海。
源
「ミナモト」は、ここでは「物事の起こり始め」という意味。

196 **マボロシ**の名画が公開される。
幻
形の似た「幼」と区別する。

197 **フカ**い感動を覚える。
深い
形の似た「探」と書きまちがえないように。

198 体を後ろに大きく**ソ**らす。
反らす

199 **ハゲ**しい運動を控《ひか》える。
激しい

200 地域によってしきたりが**チガ**う。
違う
形の似た「偉」と書きまちがえないように。

第1位
▼
第20位

熟語の書き取り①

出るランク A B C

□□ 1 友人に**フクザツ**な感情を抱《いだ》く。

複雑

「フク」を同音異字の「復」「腹」と書き間《ま》違《ちが》えないように。

□□ 2 他者の**リョウイキ**を侵《おか》す。

領域

□□ 3 ピアノの**エンソウ**を聴《き》く。

演奏

「ソウ」の「夭」の部分を「夫」と書かないように。

□□ 4 観光地を**サンサク**する。

散策

「サク」を形の似た「築」と書き間《ま》違《ちが》えないように。

□□ 5 事故の原因を**スイソク**する。

推測

「ソク」を同音異字の「側」と書き間《ま》違《ちが》えないように。

□□ 6 二時間あれば**オウフク**できる。

往復

「オウフク」は、反対の意味の漢字を組み合わせた熟語。

□□ 7 優れた**コウセキ**を残す。

功績

「コウ」を「攻」、「セキ」を「積」と書き間《ま》違《ちが》えないように。

□□ 8 **ウチュウ**飛行士を目指す。

宇宙

□□ 9 久々に**キョウリ**に帰省する。

郷里

「キョウリ」は「生まれ育った土地」という意味。

□□ 10　食糧《しょくりょう》を**チョゾウ**する。
貯蔵
▼「ゾウ」を同音異字の「**臓**」と書き間《ま》違《ちが》えないように。

□□ 11　要点を**カンケツ**にまとめる。
簡潔
▼同音異義語の「**完結**」と区別する。

□□ 12　**エイエン**の愛を誓《ちか》う。
永遠

□□ 13　**ジュンジョ**よく説明する。
順序

□□ 14　事態の**スイイ**を見守る。
推移
▼同音異義語の「**水位**」と区別する。

□□ 15　首相の身辺を**ゴエイ**する。
護衛

□□ 16　身の回りを**セイケツ**に保つ。
清潔

□□ 17　組織の**カイカク**を行う。
改革

□□ 18　店員が笑顔《えがお》で**セッキャク**する。
接客

□□ 19　町の人口の**ゾウゲン**を調査する。
増減

□□ 20　飛行機を**ソウジュウ**する。
操縦
▼「ソウ」を「**燥**」「**繰**」、「ジュウ」を「**従**」と書き間《ま》違《ちが》えないように。

第21位
▼
第40位

熟語の書き取り②

出るランク

A B C

□□ 21 **キュウキュウ**病院に運ばれる。

救急

□□ 22 **タンジュン**な仕組みの測定機器。

単純

「ジュン」を同音異字の「**順**」と書き間《ま》違《ちが》えないように。対義語は「**複雑**」。

□□ 23 **セスジ**が凍《こお》るような恐《おそ》ろしい事件。

背筋

「セスジ」は「セ」も「スジ」も訓読みで読む熟語。

□□ 24 友人と**ダンショウ**する。

談笑

「ダンショウ」は、「打ち解けて、時にわらいながら話すこと」という意味。

□□ 25 **キチョウ**な体験をシェアする。

貴重

□□ 26 日本史を**センモン**に研究する。

専門

「モン」は同音異字の「**問**」と書き間《ま》違《ちが》えないように。

□□ 27 名匠《めいしょう》の**ジュクレン**の技。

熟練

「ジュク」を「**塾**」、「レン」を「**錬**」と書き間《ま》違《ちが》えないように。

□□ 28 **ツウカイ**な冒《ぼう》険《けん》小説を読む。

痛快

「ツウカイ」は、「非常にゆかいなこと」という意味。

□□ 29 朝晩の**カンダン**の差が激しい。

寒暖

「カンダン」は、反対の意味の漢字を組み合わせた熟語。

□□ 30 就業人口の**トウケイ**を取る。
統計

□□ 31 健康情報誌が**ソウカン**される。
創刊

□□ 32 違《ちが》いを**ゲンミツ**に説明する。
厳密

□□ 33 国民**シュクシャ**に泊《と》まる。
宿舎
▼「シュクシャ」は、「泊《と》まる場所・建物」という意味。

□□ 34 巨大《きょだい》な**メイロ**に挑戦《ちょうせん》する。
迷路

□□ 35 友人を新居に**ショウタイ**する。
招待
▼「ショウ」を同音異字の「紹」と書き間違《まちが》えないように。

□□ 36 飛行機の**モケイ**を組み立てる。
模型

□□ 37 中国の唐代《とうだい》の**リッシ**を読む。
律詩
▼「リッシ」には五言《ごごん》と七言《しちごん》がある。

□□ 38 **ショクム**質問を受ける。
職務
▼「ショク」は同じ部分をもつ「識」「織」と書き間違《まちが》えないように。

□□ 39 相手の**イコウ**をくむ。
意向
▼同音異義語の「以降」「移行」「威光」などと区別する。

□□ 40 **セキニン**をもって仕事に当たる。
責任
▼「セキ」を同音異字の「積」「績」と書き間違《まちが》えないように。

漢字編
漢字・語句の知識編
文法編

第41位
▼
第60位

熟語の書き取り③

出るランク
A B C

41 先祖のイサンを受け継《つ》ぐ。
遺産
▼「遺」を形の似た「遣」と書き間《ま》違《ちが》えないように。

42 チューリップのキュウコンを植える。
球根

43 社員としてのセキムを果たす。
責務

44 イップウ変わった考え方。
一風

45 キセツの移り変わりを感じる。
季節

46 インフルエンザのテンケイ的な症状《しょうじょう》。
典型
▼「型」を同音異字の「形」と書き間《ま》違《ちが》えないように。

47 テントをセツエイする。
設営
▼「セツエイ」は、「会場などを前もって準備すること」という意味。

48 金《きん》のコウミャクを探し当てる。
鉱脈

49 選手を代表してセンセイする。
宣誓
▼同音異義語の「先制」「専制」などと区別する。

□□ 50 無駄《むだ》な**シュッピ**を抑《おさ》える。

出費

□□ 51 球団と**センゾク**契約《けいやく》を結ぶ。

専属

□□ 52 **ケイカイ**なリズムの音楽。

軽快

同音異義語の「**警戒**」と区別する。

□□ 53 交通**キセイ**が行われる。

規制

同音異義語の「**帰省**」「**既成**」「**奇声**」「**寄生**」などと区別する。

□□ 54 デマが**カクサン**される。

拡散

「カクサン」は、「広がり、ちらばること」という意味。

□□ 55 **ソウチョウ**に目が覚める。

早朝

□□ 56 神社**ブッカク**を巡《めぐ》る。

仏閣

「ブッカク」は、「寺の建物。寺院。」という意味。

□□ 57 **ギョコウ**に新鮮《しんせん》な魚が揚《あ》がる。

漁港

□□ 58 周囲から**ヒハン**される。

批判

□□ 59 人工**エイセイ**を打ち上げる。

衛星

同音異義語の「**衛生**」「**永世**」などと区別する。

□□ 60 新たな**セイサク**を打ち立てる。

政策

同音異義語の「**制作**」「**製作**」などと区別する。

第61位
▼
第80位

熟語の書き取り④

出るランク A B C

□□ 61 新製品の長所を**キョウチョウ**する。
強調
同音異義語の「協調」と区別する。

□□ 62 世間の**フウチョウ**に従う。
風潮
「フウチョウ」は「その時代を特徴《とくちょう》づける世の中の傾向《けいこう》」という意味。

□□ 63 高い**キョウヨウ**を身につける。
教養

□□ 64 身の安全を**ホショウ**する。
保障
同音異義語の「保証」「補償」と区別する。

□□ 65 試合を見て**コウフン**する。
興奮
「フン」を形の似た「奪」と書き間違《まちが》えないように。

□□ 66 **ガッキ**を演奏する。
楽器

□□ 67 問題の**コンカン**に迫《せま》る。
根幹
「カン」の「干」の部分を「千」と書かないように。

□□ 68 友人の意見に**ビンジョウ**する。
便乗
「ビンジョウ」は、ここでは「機会を捉《とら》えて都合よく利用すること」の意味。

□□ 69 市役所に**キンム**する。
勤務
「キン」の左側を「菓」と書かないように。

70 飲食店が**リンジ**休業する。 臨時

71 **キンコツ**隆々《りゅうりゅう》たる大男。 筋骨

▼「キンコツ」は「きん肉とほね組み。体つき」という意味。

72 本の**カンマツ**に作者紹介《しょうかい》がある。 巻末

▼「カン」を形の似た「券」と書き間違《まちが》えないように。

73 目上の人に**ケイイ**を払《はら》う。 敬意

▼「ケイ」を同音異字の「警」と書き間《ま》違《ちが》えないように。

74 **チイキ**のボランティア活動。 地域

▼「イキ」の「口」の部分を「ロ」と書かないように。

75 **ソウコ**に荷物を運び入れる。 倉庫

76 困難な現状を**ダハ**する。 打破

▼「ダハ」は、ここでは「すっかりなくすこと」という意味。

77 日本の**ケイザイ**について調べる。 経済

78 **オオゼイ**の参加者が集まる。 大勢

▼「ゼイ」の「丸」の部分を「九」、「力」の部分を「刀」と書かないように。

79 旅行の**ケイカク**を立てる。 計画

80 主君に**チュウセイ**を誓《ちか》う。 忠誠

▼「チュウセイ」は「真心をもって尽《つ》くすこと」という意味。

第81位
▼
第100位

熟語の書き取り⑤

出るランク A **B** C

□□ 81 国境周辺を**ケイビ**する。

警備

▼「ケイ」を同音異字の「敬」と書き間《ま》違《ちが》えないように。

□□ 82 バスの**テイリュウ**所で待つ。

停留

□□ 83 クラス全員が**ケッソク**する。

結束

▼「ケッソク」は「同じ考えや目的をもった人がまとまること」という意味。

□□ 84 情報を正確に**デンタツ**する。

伝達

□□ 85 **ケンコウ**に気をつける。

健康

▼「ケン」を同音異字の「建」と書き間《ま》違《ちが》えないように。

□□ 86 めきめきと**トウカク**を現す。

頭角

▼「トウカクを現す」は「才能などが抜《ぬ》きん出て目立ってくる」という意味。

□□ 87 強大な**ケンゲン**を与《あた》えられる。

権限

□□ 88 **ヒカゲ**でしばらく休憩《きゅうけい》する。

日陰

▼「カゲ」を「影」と書き間《ま》違《ちが》えないように。

□□ 89 **ユダン**なく見張る。

油断

□□ 90 画家の**キュウキョ**を美術館とする。
旧居
「キュウキョ」は「以前の住まい」という意味。

□□ 91 日本**コユウ**の鳥を保護する。
固有
「コユウ」は「そのものだけが、もとからもっていること」という意味。

□□ 92 悪だくみを**ハクジョウ**する。
白状
同音異義語の「**薄情**」と区別する。

□□ 93 車両**コショウ**のため渋《じゅう》滞《たい》する。
故障

□□ 94 的確な**ハンダン**を下す。
判断

□□ 95 不良品の**コウカン**を依《い》頼《らい》する。
交換

□□ 96 優勝するための**ヒサク**を練る。
秘策
「ヒサク」は「人に知られないように立てた巧《たく》みな計略」という意味。

□□ 97 道路と鉄道が**コウサ**する。
交差
「コウサ」は「まじわること」という意味。

□□ 98 文芸**ヒョウロン**の文章を読む。
評論
「ロン」を形の似た「**輪**」や「**諭**」と書き間《ま》違《ちが》えないように。

□□ 99 思《し》慮《りょ》**フンベツ**がある。
分別
「フンベツ」は「ブンベツ」と読めば別の意味の言葉になることに注意。

□□ 100 卒業文集を**ヘンシュウ**する。
編集
「ヘン」を同音異字の「**偏**」「**遍**」と書き間《ま》違《ちが》えないように。

第101位 ▼ 第120位

熟語の書き取り⑥

出るランク A **B** C

101 痛み止めの**コウカ**が表れる。
効果
「コウ」を同音異字の「郊」「功」と書き間違《まちが》えないように。

102 道路を**カクチョウ**する。
拡張
「チョウ」を同音異字の「帳」と書き間違《まちが》えないように。

103 我が身の**コウフク**を実感する。
幸福

104 イベントの詳細《しょうさい》は**ミテイ**だ。
未定
「ミ」を形の似た「末」と書き間違《まちが》えないように。

105 室温を**コウジョウ**的に保つ。
恒常
「コウジョウ」は「一定の状態を保っていて変化がないこと」という意味。

106 友人との**ヤクソク**を守る。
約束

107 互《たが》いの**リガイ**が一致《いっち》する。
利害
「リガイ」は、反対の意味の漢字を組み合わせた熟語。

108 人命救助を第一に**ユウセン**する。
優先

109 頬《ほお》を**コウチョウ**させて話す。
紅潮
「コウチョウ」は「興奮や羞恥《しゅうち》のために顔が赤くなること」という意味。

□□ 110 チョウの**ヨウチュウ**を観察する。
幼虫
「ヨウ」を形の似た「幻」と書き間違《まちが》えないように。

□□ 111 太平洋を**コウカイ**する。
航海
同音異義語の「公開」「後悔」「紅海」などと区別する。

□□ 112 人事部に**ハイゾク**が決まる。
配属
「ゾク」を同じ部分をもつ「層」と書き間違えないように。

□□ 113 衣食足りて**レイセツ**を知る。
礼節
「レイセツ」は「社会生活を保つために必要な作法」という意味。

□□ 114 聖《せい》霊《れい》が**コウリン**する。
降臨
「コウリン」は「神や仏が天から下って姿を現すこと」という意味。

□□ 115 新たな理論を**コウチク**する。
構築
「コウ」は「講」、「チク」は「策」と書き間違《まちが》えないように。

□□ 116 三日で仕上げるのは**コンナン**だ。
困難
「コン」は「因」、「ナン」は左側を「菫」と書かないように。

□□ 117 必要な栄養素を**セッシュ**する。
摂取

□□ 118 気に入った**エイガ**の音楽を聴《き》く。
映画

□□ 119 「一《いち》期《ご》一《いち》会《え》」を**ザユウ**の銘《めい》とする。
座右
「ザユウの銘《めい》」は「常に自分の心に留めて戒《いまし》めとする言葉や文」という意味。

□□ 120 豪《ごう》華《か》客船が**キテキ**を鳴らす。
汽笛
「テキ」を形の似た「苗」と書き間違《まちが》えないように。

第121位
▼
第140位

熟語の書き取り⑦

出るランク
A B C

□□ 121 涼《すず》しげなソザイのワンピース。
素材
「サイスン」は「服や家具などを作るために長さを測ること」という意味。

□□ 122 制服を作るためにサイスンする。
採寸

□□ 123 カチの高い商品を購入《こうにゅう》する。
価値

□□ 124 神社でサイレイが執《と》り行われる。
祭礼
「サイレイ」は「神社などのまつり」という意味。

□□ 125 すばやく危険をサッチする。
察知
「サツ」を同音異字の「擦」や形の似た「際」と書き間《ま》違《ちが》えないように。

□□ 126 誌面のテイサイを整える。
体裁
「サイ」を同音異字の「栽」と書き間《ま》違《ちが》えないように。

□□ 127 ザッコク入りのご飯を炊《た》く。
雑穀
「コク」を形の似た「殻」と書き間《ま》違《ちが》えないように。

□□ 128 人々がイエジを急ぐ。
家路
「イエジ」は「自宅へ帰る道」という意味。

□□ 129 ヒット曲のカシを覚える。
歌詞

130 **エイリ**な刃物《はもの》のような眼光。
鋭利
「エイリ」は、ここでは「するどくて切れ味がよい様子」という意味。

131 短所を直すのは**シナン**の業だ。
至難
「シナン」は「とてもむずかしいこと」の意味。「シ」は「**致**」と書かない。

132 一気に**シヤ**が開ける。
視野

133 新規会員に**トウロク**する。
登録
「ロク」を形の似た「**緑**」と書き間違《まちが》えないように。

134 **ジタイ**は思ったより深刻だ。
事態
「タイ」を形の似た「**能**」「**熊**」と書き間違《まちが》えないように。

135 見事な作品に**トウスイ**する。
陶酔
「トウスイ」は「心を奪《うば》われて、うっとりすること」という意味。

136 結果は**ジメイ**の理だ。
自明
「ジメイ」は「説明や証明をしなくてもわかりきっていること」という意味。

137 完成までの**ドウテイ**を振《ふ》り返る。
道程
「ドウテイ」は「みちのり」という意味。

138 華《はな》やかな**シキテン**が始まる。
式典

139 南の地方**トクユウ**の気候。
特有
「トク」を同音異字の「**得**」や「**徳**」と書かないように。

140 混乱の**シュウシュウ**がつかない。
収拾
同音異義語の「**収集**」と区別する。

第141位
▼
第160位

熟語の書き取り⑧

出るランク
A B C

□□ 141 商品を**ノウニュウ**する。

納入

□□ 142 兄の**シュウショク**が決まる。

就職

▼「ショク」を形の似た「識」「織」と書き間違《まちが》えないように。

□□ 143 **シュウシ**、和やかに語り合う。

終始

▼同音異義語の「**終止**」「**収支**」などと区別する。

□□ 144 **ハイゴ**から声を掛《か》けられる。

背後

▼「ハイ」の上の部分を「**比**」と書かないように。

□□ 145 美容室で**ザッシ**を読む。

雑誌

▼「シ」を同音異字の「**詞**」「**紙**」「**詩**」と書き間違《まちが》えないように。

□□ 146 これまでの**シュウタイセイ**とする。

集大成

▼「シュウタイセイ」は「多くのものを一つにまとめること」の意味。

□□ 147 荷物を**ハイタツ**する。

配達

□□ 148 市街を**ジュウオウ**に貫《つらぬ》く大通り。

縦横

▼「ジュウオウ」は、反対の意味の漢字を組み合わせた熟語。

□□ 149 議論が**ハクネツ**する。

白熱

▼「ハクネツ」は「物事が熱気を帯びて激しくなること」という意味。

□□ 150 最後の場面は**アッカン**だった。

圧巻

「アッカン」は「全体の中で最も感動を与《あた》える優れた部分」という意味。

□□ 151 日頃《ひごろ》の言動を**ハンセイ**する。

反省

□□ 152 地球の大気の約二割は**サンソ**だ。

酸素

□□ 153 **シンキ**一転して勉強に励《はげ》む。

心機

同音異義語の「新規」「新奇」「心気」と区別する。

□□ 154 **アンマク**を張って外光を遮《さえぎ》る。

暗幕

「マク」を形の似た「墓」「慕」「暮」と書き間《ま》違《ちが》えないように。

□□ 155 **ビジ**を連ねた文章。

美辞

「ビジ」は「ビジ麗句《れいく》」などの四字熟語でも使われる。

□□ 156 同じ結論に**トウタツ**する。

到達

「トウ」を同音異字の「倒」や、形の似た「至」や「致」と書き間《ま》違《ちが》えない。

□□ 157 書類を三部**フクシャ**する。

複写

「フクシャ」は「コピーすること」。「フク」を「復」「腹」と書かないように。

□□ 158 地中海**エンガン**の国。

沿岸

□□ 159 街中で財布を**フンシツ**する。

紛失

「フン」を同音異字の「粉」と書き間《ま》違《ちが》えないように。

□□ 160 **ショシュン**に梅が開花する。

初春

「ショシュン」は「はるのはじめ」という意味。

第161位
▼
第180位

熟語の書き取り⑨

出るランク A B C

□□ 161 これまでのケイカを見て決める。
経過
「ケイ」を同音異字の「径」と書き間《ま》違《ちが》えないように。

□□ 162 式典のジョマクから盛り上がった。
序幕
「ジョマク」は、ここでは「物事の始まり」という意味。対義語は「終マク」。

□□ 163 けが人のカンゴを行う。
看護
「カン」は、一〜三画目の横画の向きや長さに注意。

□□ 164 急速に雨雲がハッタツする。
発達

□□ 165 大陸を自転車でジュウダンする。
縦断
「ジュウダン」は、ここでは「南北方向に通り抜《ぬ》けること」という意味。

□□ 166 世間でヒョウバンの高い作家。
評判

□□ 167 新機種をテレビでセンデンする。
宣伝
「セン」を形の似た「宜」と書き間《ま》違《ちが》えないように。

□□ 168 高いヒンシツを保証する。
品質

□□ 169 未成年者をジョガイする。
除外
「ジョ」を同音異字の「徐」と書き間《ま》違《ちが》えないように。

□□ 170 過剰《かじょう》な期待が**オモニ**となる。
重荷

□□ 171 一年間の活動を**ホウコク**する。
報告
「ホウ」を形の似た「執」と書き間違《まちが》えないように。

□□ 172 **ショウイン**はチームワークのよさだ。
勝因
「イン」を形の似た「困」と書き間違《まちが》えないように。

□□ 173 **ホウフ**な経験を仕事に生かす。
豊富

□□ 174 全国大会に**ショウジュン**を合わせる。
照準
「ショウジュン」は「目標に狙《ねら》いを定めること」という意味。

□□ 175 全校で**ボウサイ**訓練を行う。
防災
「サイ」を形の似た「炎」と書き間違《まちが》えないように。

□□ 176 気温が次第に**ジョウショウ**する。
上昇

□□ 177 **メイロウ**な会計の寿司《すし》店。
明朗
「メイロウ」は「メイロウ快活」などの四字熟語でも使われる。

□□ 178 最善の**ホウサク**を提案する。
方策
「ホウ」を同音異字の「法」と書き間《ま》違《ちが》えないように。

□□ 179 事故の**モヨウ**をニュースで伝える。
模様
「モヨウ」は、ここでは「様子」という意味。

□□ 180 どくだみは**ヤクソウ**の一種だ。
薬草

第181位
▼
第200位

熟語の書き取り⑩

出るランク
A B C

181 生命保険に**シンキ**に加入する。
新規
「シンキ」を同音異義語「**新奇**」「**心機**」や、「**新期**」などと書かないように。

182 被《ひ》災《さい》地に救《きゅう》援《えん》物資を**ユソウ**する。
輸送
「ユ」を形の似た「**輪**」と書き間違《まちが》えないように。

183 宇宙の**シンピ**を探究する。
神秘

184 調査の**タイショウ**となる。
対象
同音異義語の「**対照**」「**対称**」と区別する。

185 国際**シンゼン**試合を行う。
親善
「シンゼン」は「互《たが》いに理解を深め合って仲良くすること」という意味。

186 **ヨビ**の着《き》替《が》えを用意する。
予備

187 つらい心中を**スイサツ**する。
推察
「スイサツ」は「相手の事情や心中をおし量ること」という意味。

188 状況《じょうきょう》は**ヨウイ**には好転しない。
容易
「イ」を「**易**」と書かないように。

189 名画を**カンショウ**する。
鑑賞
同音異義語の「**観賞**」と区別する。

190 新しい**リッキョウ**を建設する。

陸橋

「リッキョウ」は「道路や鉄道線路の上に架《か》けたはし」という意味。

191 厳しい**セイヤク**が加わる。

制約

「セイ」を同音異字の「製」と書き間《ま》違《ちが》えないように。

192 数日、家を**ルス**にする。

留守

193 国語の**セイセキ**が伸《の》びる。

成績

「セキ」を同音異字の「積」と書き間《ま》違《ちが》えないように。

194 身辺を**セイリ**する。

整理

195 **レキシ**に残る一大イベント。

歴史

「レキ」を同音異字の「暦」と書き間《ま》違《ちが》えないように。

196 自分の気持ちを**ショウジキ**に話す。

正直

197 母校優勝の**ロウホウ**に接する。

朗報

「ロウホウ」は「うれしい知らせ」という意味。

198 **セイミツ**な検査が行われる。

精密

「セイ」を同音異字の「清」「晴」「請」と書き間《ま》違《ちが》えないように。

199 **シュウノウ**スペースが広い部屋。

収納

「シュウ」を同音異字の「集」と書き間《ま》違《ちが》えないように。

200 天然**シゲン**に恵《めぐ》まれた国。

資源

「ゲン」を同音異字の「原」と書き間《ま》違《ちが》えないように。

第201位▼第220位

熟語の書き取り⑪

出るランク A B C

□□ 201 祖母は**オンコウ**な人《ひと》柄《がら》だ。
温厚

□□ 202 実現**カノウ**な計画を立てる。
可能

□□ 203 原文と訳文を**タイショウ**する。
対照
▼同音異義語の「対象」「対称」と区別する。

□□ 204 早《はや》寝《ね》早起きの**シュウカン**をつける。
習慣
▼同音異義語の「週間」「週刊」と区別する。

□□ 205 **カンタン**な問題から始める。
簡単
▼「カン」を「間」、「タン」を「果」と書き間《ま》違《ちが》えないように。

□□ 206 **セッカイ**はアルカリ性だ。
石灰
▼「カイ」を形の似た「炭」と書き間《ま》違《ちが》えないように。

□□ 207 活《かつ》躍《やく》の**キカイ**をじっと待つ。
機会
▼同音異義語の「機械」と区別する。「キ」を同音異字の「期」と書き間《ま》違《ちが》えない。

□□ 208 夏休み中に貴重な**ケイケン**をする。
経験

□□ 209 天地**ソウゾウ**の物語を読む。
創造
▼同音異義語の「想像」と区別する。

210 駅前の**チンタイ**住宅に住む。
賃貸
「チン」も「タイ」も下にお金を表す「貝」が付くことに注意。

211 日本全国に**ブンプ**する植物。
分布

212 交渉《こうしょう》が意外なところに**キケツ**する。
帰結
「キケツ」は「話し合いや考えなどが最後に落ち着くこと」という意味。

213 今日の空は雲一つない**カイセイ**だ。
快晴

214 隣国《りんごく》との**キョウカイ**を流れる川。
境界
「キョウ」を同音異字の「鏡」と書き間違《まちが》えないように。

215 詳《くわ》しい説明は**ショウリャク**する。
省略

216 この辺りは**コクソウ**地帯だ。
穀倉
「コク」を形の似た「殻」と書き間違《まちが》えないように。

217 台風接近時の外出は**キケン**だ。
危険
「ケン」を同音異字の「検」「剣」と書き間違《まちが》えないように。

218 研究の**セイカ**を発表する。
成果

219 自社**セイヒン**のよさを宣伝する。
製品
「セイ」を同音異字の「制」と書き間《ま》違《ちが》えないように。

220 仲間と**ギロン**を戦わす。
議論

第221位
▼
第240位

熟語の書き取り⑫

出るランク
A
B
C

221 地震《じしん》を**ソウテイ**して訓練を行う。
想定
▼「ソウ」を同音異字の「**相**」と書き間《ま》違《ちが》えないように。

222 消費の**カクダイ**を狙《ねら》う。
拡大

223 製造**カテイ**で得られる副産物。
過程
▼同音異義語の「**課程**」と区別する。

224 力士の**ドヒョウ**入りを見物する。
土俵

225 話題の小説が**ゾウサツ**される。
増刷
▼「サツ」を同音異字の「**冊**」と書き間《ま》違《ちが》えない。

226 忘れ物を駅で**ホカン**する。
保管
▼「カン」を同音異字の「**官**」と書き間《ま》違《ちが》えないように。

227 交通機関に**コンラン**が生じる。
混乱
▼「コン」を同音異字の「**困**」と書き間《ま》違《ちが》えないように。

228 人柄《ひとがら》や実績を**ジュウシ**する。
重視
▼「ジュウシ」は「大事なこととして注目すること」。対義語は「**軽**《けい》シ」。

229 平和を**キキュウ**する声が高まる。
希求
▼「キキュウ」は「心から願いもとめること」という意味。

□□ 230 おおその**ケントウ**をつける。
見当
▼ 同音異義語の「**検討**」「**健闘**」と区別する。

□□ 231 参加費用は個々に**フタン**する。
負担

□□ 232 汗《あせ》をよく**キュウシュウ**する素材。
吸収
▼ 「キュウ」を同音異字の「**級**」や形の似た「**扱**」と書き間違《まちが》えないように。

□□ 233 厳しい**ヒヒョウ**を加える。
批評
▼ 「ヒ」を同音異字の「**比**」と書き間違《まちが》えないように。

□□ 234 絵の**テンラン**会が開かれる。
展覧
▼ 「ラン」を形の似た「**賢**」と書き間違《まちが》えないように。

□□ 235 美しい**コウケイ**をスケッチする。
光景

□□ 236 今月の目標を**タッセイ**する。
達成

□□ 237 先生の**キョカ**を得る。
許可

□□ 238 人命**キュウジョ**を行う。
救助
▼ 「キュウ」を同音異字の「**求**」「**球**」と書き間違《まちが》えないように。

□□ 239 ゆっくりと**コキュウ**を整える。
呼吸

□□ 240 両国は**シンミツ**な間柄《あいだがら》だ。
親密
▼ 「シンミツ」は「非常に仲が良く近しいこと」という意味。対義語は「**疎遠**《そえん》」。

1

中学校で習う、主な特別な読み方の言葉を覚えよう

01	小豆	あずき
02	意気地	いくじ
03	田舎	いなか
04	海原	うなばら
05	浮つく	うわつく
06	叔父	おじ
07	伯父	おじ
08	乙女	おとめ
09	叔母	おば
10	伯母	おば
11	風邪	かぜ
12	心地	ここち
13	五月雨	さみだれ
14	老舗	しにせ
15	芝生	しばふ
16	砂利	じゃり
17	白髪	しらが
18	相撲	すもう
19	草履	ぞうり
20	太刀	たち
21	足袋	たび
22	凸凹	でこぼこ
23	名残	なごり
24	雪崩	なだれ
25	波止場	はとば
26	日和	ひより
27	吹雪	ふぶき
28	土産	みやげ
29	息子	むすこ
30	紅葉	もみじ
31	木綿	もめん
32	最寄り	もより
33	大和	やまと
34	弥生	やよい
35	行方	ゆくえ
36	若人	わこうど

漢字・語句の知識編

高校入試でよく出題される、漢字・語句の知識の項目を、ランク順に配列してあります。まずはAランクをしっかり覚えてから、Bランク・Cランクにも挑戦しましょう。

第1位

同音異義語・同訓異字

出るランク A

同音異義語

□□ 01 校庭を**カイホウ**する。 開放
□□ 02 人質が**カイホウ**される。 解放
□□ 03 中学生**タイショウ**の本。 対象
□□ 04 左右**タイショウ**の図形。 対称
□□ 05 比《ひ》較《かく》**タイショウ**する。 対照
□□ 06 利益を**ツイキュウ**する。 追求
□□ 07 真理を**ツイキュウ**する。 追究
□□ 08 責任を**ツイキュウ**する。 追及

□□ 11 堅《けん》実《じつ》さに**カンシン**する。 感心
□□ 12 文学に**カンシン**を抱《いだ》く。 関心
□□ 13 **カンシン**に堪《た》えない事件。 寒心
□□ 14 直線を**ヘイコウ**に引く。 平行
□□ 15 線路に**ヘイコウ**した道路。 並行
□□ 16 体の**ヘイコウ**を失う。 平衡
□□ 17 品質を**ホショウ**する。 保証
□□ 18 安全を**ホショウ**する。 保障
□□ 19 損害を**ホショウ**する。 補償

□□ 09 **イチドウ**に会する。 一堂

□□ 10 有志**イチドウ**からの花束。 一同

□□ 20 **フンゼン**として戦う。 奮然

□□ 21 **フンゼン**として席を立つ。 憤然

同訓異字

□□ 01 墓前に花を**ソナ**える。 供える

□□ 02 災害に**ソナ**える。 備える

□□ 03 社長が責任を**オ**う。 負う

□□ 04 世間の流行を**オ**う。 追う

□□ 05 夢の実現に**ツト**める。 努める

□□ 06 学級委員を**ツト**める。 務める

□□ 07 外資系企業《きぎょう》に**ツト**める。 勤める

□□ 08 集合写真に笑顔《えがお》で**ウツ**る。 写る

□□ 09 観光地がテレビに**ウツ**る。 映る

□□ 10 バスの後ろの席に**ウツ**る。 移る

□□ 11 国を**オサ**める。 治める

□□ 12 成功を**オサ**める。 収める

□□ 13 学問を**オサ**める。 修める

□□ 14 税金を**オサ**める。 納める

第2位

書写（部首・画数）

出るランク A B C

部首

□□ 01 （河・源） さんずい

□□ 02 （桜・棒） きへん

□□ 03 （編・縮） いとへん

□□ 04 ※（複・襟） ころもへん

□□ 05 ※（祝・神） しめすへん

□□ 06 （境・場） つちへん

□□ 07 （往・従） ぎょうにんべん

※「ころもへん」と「しめすへん」は行書で書くと同じ形になる。

□□ 08 （起・越） そうにょう

□□ 09 （秋・移） のぎへん

□□ 10 （技・指） てへん

□□ 11 （記・語） ごんべん

□□ 12 （開・関） もんがまえ

□□ 13 （段・殺） るまた（ほこづくり）

□□ 14 （路・踊） あしへん

□□ 15 （恭・慕） したごころ

総画数

□□ 01 緑 14画 ＊「糸」の部分は二画で書く。

□□ 02 民 5画 ＊「レ」の部分は一画で書く。

□□ 03 楽 13画

□□ 04 葉 12画 ＊「世」の部分は五画で書く。

□□ 05 遠 13画 ＊「辶」の部分は三画で書く。

□□ 06 区 4画 ＊「乚」の部分は一画で書く。

□□ 07 祭 11画

□□ 08 飯 12画 ＊「飠」の部分の画数に注意。

□□ 09 建 9画 ＊「廴」の部分は三画で書く。

□□ 10 極 12画 ＊「了」の部分は二画で書く。

□□ 11 複 14画 ＊「夂」の部分は三画で書く。

□□ 12 棒 12画

□□ 13 護 20画 ＊「隹」の部分の画数に注意。

□□ 14 芽 8画 ＊「牙」の部分は四画で書く。

□□ 15 張 11画 ＊「弓」の部分は三画で書く。

□□ 16 象 12画 ＊「⺈」の部分は二画で書く。

□□ 17 孫 10画 ＊「子」の部分は三画で書く。

第3位

慣用句

出るランク A B C

□□ 01 **気**が置けない
遠慮《えんりょ》がいらず安心して付き合える。

□□ 02 **肩**《かた》で息をする
肩《かた》を上下に動かして苦しそうに呼吸する。

□□ 03 **首**をすくめる
驚《おどろ》いたり恐縮《きょうしゅく》したりしたときに首を縮める。

□□ 04 重箱の**隅**《すみ》をつつく
細かいところまで取り上げて問題にする。

□□ 05 **身**も蓋《ふた》もない
言動が露骨《ろこつ》すぎて、含《ふく》みや味わいがない。

□□ 06 **首**を長くして待つ
今か今かと待つ。

□□ 07 **目**を引く
注意を引きつける。

□□ 08 **息**をのむ
驚《おどろ》いて息を止める。

□□ 09 **鼻**に付く
飽《あ》きて嫌《いや》になる。

□□ 20 **歯**に衣《きぬ》着せぬ
考えや気持ちを遠慮《えんりょ》せずはっきり言う。

□□ 21 面目《めんぼく》を**施**《ほどこ》**す**
立派に事を成し遂《と》げて、よい評価を得る。

□□ 22 **長蛇**《ちょうだ》の列
蛇《へび》のように長く連なっている列。

□□ 23 **水**を打ったよう
その場の人々が静まり返っている様子。

□□ 24 **固唾**《かたず》をのむ
どうなるかと緊張《きんちょう》して成り行きを見守る。

□□ 25 **業**《ごう》を煮《に》やす
腹を立てていらいらする。

□□ 26 采配《さいはい》を**振**《ふ》**る**
大勢の人に指図する。

□□ 27 **せき**を切ったよう
抑《おさ》えていたものが一度にあふれ出る様子。

□□ 28 取り付く**島**もない
相手が無愛想で話しかけるきっかけがない。

□□ 10 **耳**に挟《はさ》む
たまたま少し聞く。「小耳に挟《はさ》む」ともいう。

□□ 11 **隅**《すみ》に置けない
思ったよりも優れていて、あなどれない。

□□ 12 **引け目**を感じる
劣《れっ》等《とう》感や気後れを感じる。

□□ 13 恩を**あだ**で返す
恩返しせず、相手の害になることをする。

□□ 14 **骨**を折る
一生懸《けん》命《めい》努力する。人のために努力する。

□□ 15 **板**に付く
仕事や役柄《やくがら》がその人にぴったり合う。

□□ 16 **的**を射る
要点を正しく捉《とら》える。

□□ 17 **膝**《ひざ》が笑う
足が疲《つか》れて、膝《ひざ》ががくがくする。

□□ 18 背に**腹**は代えられぬ
緊《きん》急《きゅう》事態においては犠《ぎ》牲《せい》もやむを得ない。

□□ 19 **おくび**にも出さない
一言も言わず、そぶりにも出さない。

□□ 29 **のし**を付ける
もらってくれる相手に喜んで差し上げる。

□□ 30 **はく**が付く
世間から認められて値打ちが上がる。

□□ 31 **枚挙**にいとまがない
たくさんありすぎて、一つ一つ数えられない。

□□ 32 **発**《はっ》**破**《ぱ》をかける
強い言葉をかけて励《はげ》ます。気合いを入れる。

□□ 33 **一**《ひと》**肌**《はだ》脱《ぬ》ぐ
人を助けるために、自分の力を貸す。

□□ 34 **目**《め》**星**《ぼし》を付ける
これだという見当を付ける。

□□ 35 **横車**を押《お》す
道理の通らないことを無理に押《お》し通す。

□□ 36 **らち**が明かない
物事がはかどらない。決着がつかない。

□□ 37 **割**を食う
他人のしたことの影《えい》響《きょう》を受けて損をする。

□□ 38 **お鉢**《はち》が回る
自分の番が回ってくる。

第4位

二字熟語の構成

出るランク A B C

訓読みにするなどして、言い換《か》えて確認する。

二字熟語の構成の型	構成の例		熟語の例
①意味が似た漢字を重ねる	永久	永い＝久しい	豊富・善良・減少・粗雑《そざつ》
②意味が反対か対《つい》になる漢字を重ねる	貸借	貸す↔借りる	善悪・増減・抑揚《よくよう》・送迎《そうげい》
③上が主語、下が述語になる	頭痛	頭が 痛い	国立・地震《じしん》・人造・雷鳴《らいめい》
④上が下を修飾《しゅうしょく》する	楽勝	楽に 勝つ	血管・濃霧《のうむ》・永住・晩成
⑤下が上の動作の目的・対象になる	消火	消す 火を	着席・握手《あくしゅ》・遅刻《ちこく》・排水《はいすい》
⑥同じ漢字を重ねる※	山山	山＋山	人人・堂堂・延延・黙黙《もくもく》
⑦上に接頭語が付く	未熟	未 熟	無害・不能・貴社・真昼
⑧下に接尾《せつび》語が付く	酸性	酸 性	端的《たんてき》・緑化・平然・急性

※⑥は「山々」「人々」「堂々」のように「々」を使って書き表すこともある。

実戦問題にチャレンジ!

1 **次の二字熟語と同じ構成のものを一つ選び、それぞれ記号で答えなさい。**

(1) 授受

ア 暖流　**イ** 急増
ウ 強硬《きょうこう》　**エ** 賞罰《しょうばつ》

エ

(2) 延期

ア 宮殿《きゅうでん》　**イ** 観劇
ウ 黒煙《こくえん》　**エ** 仏滅《ぶつめつ》

イ

2 **次の二字熟語のうち、他と構成が異なるものを一つ選び、記号で答えなさい。**

ア 競技
イ 加熱
ウ 市営
エ 預金

ウ

! 解き方のポイント

1 それぞれ、どの構成に当たる熟語か一つずつ確認していく。

(1)「授受」…授ける↕受ける
ア「暖流」…暖かい 流れ
イ「急増」…急に 増える
ウ「強硬《きょうこう》」…強い＝硬《かた》い
エ「賞罰《しょうばつ》」…賞↕罰《ばつ》

(2)「延期」…延ばす 期を
ア「宮殿《きゅうでん》」…宮＝殿
イ「観劇」…観《み》る 劇を
ウ「黒煙《こくえん》」…黒い 煙《けむり》
エ「仏滅《ぶつめつ》」…仏が 滅《ほろ》びる

2 **ア**「競技」は「技を競う」、**イ**「加熱」は「熱を加える」、**エ**「預金」は「金を預ける」で、下が上の動作の目的・対象になる構成。**ウ**「市営」は「市が営む」で上が主語、下が述語になる構成。

第5位

三字熟語の構成

出るランク A B C

1 大まかな構成（形）を捉《とら》える。

①一字の漢字が対等に並ぶ	○＋○＋○	例 市町村・上中下
②二字熟語の上に漢字が一字付く	○＋□	例 好景気・非常識
③二字熟語の下に漢字が一字付く	□＋○	例 屋根裏・安全性

2 細かい構成（関係性）を捉《とら》える。

①三字が対等な関係で並ぶ	例 衣食住・松竹梅・天地人・雪月花
②二字熟語の上に漢字が一字付く	例 美意識・手荷物・無意識・未完成
③二字熟語の下に漢字が一字付く	例 専門家・向上心・外交的・簡略化

実戦問題にチャレンジ!

1 **次の三字熟語の構成をそれぞれ選び、記号で答えなさい。**

(1) 微生物《びせいぶつ》　イ
(2) 心技体　ア
(3) 必需品《ひつじゅひん》　ウ

ア それぞれの漢字が対等に並ぶ
イ 二字熟語の上に漢字が一字付く
ウ 二字熟語の下に漢字が一字付く

2 **次の三字熟語と同じ構成のものを一つ選び、記号で答えなさい。(細かい構成に注目して選びなさい。)**

＊短時間

ア 審美眼《しんびがん》
イ 急斜面《きゅうしゃめん》
ウ 陸海空
エ 肯定的《こうていてき》

イ

解き方のポイント

1 それぞれの大まかな構成を捉《とら》える。
(1)「微生物《びせいぶつ》」…微《び》＋生物
(2)「心技体」…心＋技＋体
(3)「必需品《ひつじゅひん》」…必需《ひつじゅ》＋品

2 それぞれ、どの構成に当たる熟語か一つずつ確認していく。
「短時間」は「短」が「時間」を修飾《しゅうしょく》する構成。
ア「審美眼《しんびがん》」は「審美《しんび》」が「眼」を修飾《しゅうしょく》する構成。
イ「急斜面《きゅうしゃめん》」は「急」が「斜面《しゃめん》」を修飾《しゅうしょく》する構成。
ウ「陸海空」は三字が対等な関係で並ぶ構成。
エ「肯定的《こうていてき》」は「的」という接尾《せつび》語が付く構成。

第6位

四字熟語

出るランク A B C

- □□ 01 一《いっ》刀《とう》両《りょう》断《だん》 物事を思い切って処理すること。
- □□ 02 一《いち》念《ねん》発《ほっ》起《き》 あることを成し遂《と》げようと、固く決心すること。
- □□ 03 半《はん》信《しん》半《はん》疑《ぎ》 半分信じ、半分疑うこと。信じ切れないこと。
- □□ 04 一《いっ》進《しん》一《いっ》退《たい》 物事の状態がよくなったり悪くなったりすること。
- □□ 05 一《いっ》朝《ちょう》一《いっ》夕《せき》 わずかの間。短い日時。
- □□ 06 一日《いちじつ》《いちにち》千《せん》秋《しゅう》 非常に待ち遠しいこと。
- □□ 07 温《おん》厚《こう》篤《とく》実《じつ》 人の性質が、温かくて情に厚く、誠実である様子。
- □□ 08 大《だい》同《どう》小《しょう》異《い》 少しの違《ちが》いはあるが、だいたいは同じであること。
- □□ 09 奇《き》想《そう》天《てん》外《がい》 通常は思いつかないほど、非常に変わっている様子。

- □□ 20 意《い》味《み》深《しん》長《ちょう》 別の深い意味を含《ふく》んでいる様子。
- □□ 21 有《ゆう》名《めい》無《む》実《じつ》 名前だけで実質が伴《ともな》わないこと。
- □□ 22 試《し》行《こう》錯《さく》誤《ご》 失敗したらやり直して、だんだん目的に近づくこと。
- □□ 23 日《にっ》進《しん》月《げっ》歩《ぽ》 科学や文化などが絶えず進歩すること。
- □□ 24 千《せん》載《ざい》一《いち》遇《ぐう》 千年に一度しか出会うことがないほど、まれなこと。
- □□ 25 公《こう》明《めい》正《せい》大《だい》 隠《かく》し立てがなく、正しくて立派であること。
- □□ 26 栄《えい》枯《こ》盛《せい》衰《すい》 栄えたり、衰《おとろ》えたりすること。
- □□ 27 用《よう》意《い》周《しゅう》到《とう》 準備が十分にされていて、落ち度がないこと。
- □□ 28 暗《あん》中《ちゅう》模《も》索《さく》 手掛《てが》かりがないままに、いろいろとやってみること。

□□ 10 異《い》口《く》同《どう》音《おん》
多くの人が、申し合わせたように同じことを言うこと。

□□ 11 首《しゅ》尾《び》一《いっ》貫《かん》
始めから終わりまで、筋が通っていること。

□□ 12 大《たい》義《ぎ》名《めい》分《ぶん》
人として守るべき道理。誰《だれ》もが正しいと認める道理。

□□ 13 我《が》田《でん》引《いん》水《すい》
自分の都合のいいように言ったりしたりすること。

□□ 14 馬《ば》耳《じ》東《とう》風《ふう》
人の意見や批評を聞き流して、全く気にかけないこと。

□□ 15 付《ふ》(附《ふ》)和《わ》雷《らい》同《どう》
明確な自分の考えがなく、むやみに他者に従うこと。

□□ 16 絶《ぜっ》体《たい》絶《ぜつ》命《めい》
追い詰《つ》められて、どうすることもできないこと。

□□ 17 危《き》機《き》一《いっ》髪《ぱつ》
今にも危険が迫《せま》りそうな、緊迫《きんぱく》した状態や場合。

□□ 18 単《たん》刀直入《とうちょくにゅう》
前置きもなく、いきなり話の中心に入ること。

□□ 19 厚《こう》顔《がん》無《む》恥《ち》
厚かましくて、恥《はじ》を知らない様子。

□□ 29 起《き》死《し》回《かい》生《せい》
今にも駄目《だめ》になりかけたものを、生き返らせること。

□□ 30 針《しん》小《しょう》棒《ぼう》大《だい》
小さなことを大げさに言うこと。

□□ 31 完《かん》全《ぜん》無《む》欠《けつ》
完全で、欠点や足りないところが少しもないこと。

□□ 32 千《せん》差《さ》万《ばん》別《べつ》
さまざまな種類があり、それぞれが違《ちが》っていること。

□□ 33 七《しち》転《てん》八《ばっ》倒《とう》
痛みや苦しみのために、のたうち回ること。

□□ 34 本《ほん》末《まつ》転《てん》倒《とう》
大切なこととそうでないことの扱《あつか》いを反対にすること。

□□ 35 因《いん》果《が》応《おう》報《ほう》
行いがよいか悪いかに応じた報いがあること。

□□ 36 一《いっ》騎《き》当《とう》千《せん》
一人で千人の敵に立ち向かえるほど力や勇気があること。

□□ 37 空《くう》前《ぜん》絶《ぜつ》後《ご》
今までにもこれからもないような非常に珍《めずら》しいこと。

□□ 38 支《し》離《り》滅《めつ》裂《れつ》
まとまりがなくて、ばらばらである様子。

第7位 対義語

出るランク A B C

- □□ 01 客観 ↔ 主観
- □□ 02 肯定《こうてい》 ↔ 否定
- □□ 03 相対 ↔ 絶対
- □□ 04 現実 ↔ 理想
- □□ 05 原因 ↔ 結果
- □□ 06 複雑 ↔ 単純
- □□ 07 積極 ↔ 消極
- □□ 08 拡大 ↔ 縮小
- □□ 09 具体 ↔ 抽象《ちゅうしょう》
- □□ 10 偶然《ぐうぜん》 ↔ 必然
- □□ 11 浪費《ろうひ》 ↔ 節約
- □□ 12 有限 ↔ 無限
- □□ 13 成熟 ↔ 未熟
- □□ 14 上昇《じょうしょう》 ↔ 下降
- □□ 15 権利 ↔ 義務
- □□ 16 生産 ↔ 消費
- □□ 17 全体 ↔ 部分
- □□ 18 肉体 ↔ 精神
- □□ 19 濃厚《のうこう》 ↔ 希薄《きはく》
- □□ 20 正常 ↔ 異常
- □□ 21 減少 ↔ 増加
- □□ 22 直接 ↔ 間接
- □□ 23 完備 ↔ 不備
- □□ 24 利益 ↔ 損失
- □□ 25 理性 ↔ 感情
- □□ 26 便利 ↔ 不便
- □□ 27 天然 ↔ 人工
- □□ 28 抑制《よくせい》 ↔ 促進《そくしん》
- □□ 29 連続 ↔ 断続
- □□ 30 就任 ↔ 辞任
- □□ 31 軽薄《けいはく》 ↔ 重厚
- □□ 32 有益 ↔ 無益
- □□ 33 緯度《いど》 ↔ 経度
- □□ 34 悪意 ↔ 善意
- □□ 35 慎重《しんちょう》 ↔ 軽率
- □□ 36 依存《いそん》《いぞん》 ↔ 自立
- □□ 37 歓喜《かんき》 ↔ 悲哀《ひあい》
- □□ 38 平常 ↔ 非常
- □□ 39 徴収《ちょうしゅう》 ↔ 納入
- □□ 40 可決 ↔ 否決

□□ 41 創造 ↕ 模《も》倣《ほう》

□□ 42 需《じゅ》要《よう》 ↕ 供給

□□ 43 平《へい》凡《ぼん》 ↕ 非《ひ》凡《ぼん》

□□ 44 能動 ↕ 受動

□□ 45 困難 ↕ 容易

□□ 46 有利 ↕ 不利

□□ 47 進化 ↕ 退化

□□ 48 既《き》知《ち》 ↕ 未知

□□ 49 一《いっ》般《ぱん》 ↕ 特《とく》殊《しゅ》

□□ 50 延長 ↕ 短縮

□□ 51 清潔 ↕ 不潔

□□ 52 解散 ↕ 集合

□□ 53 加害 ↕ 被《ひ》害《がい》

□□ 54 重視 ↕ 軽視

□□ 55 敏《びん》感《かん》 ↕ 鈍《どん》感《かん》

□□ 56 許可 ↕ 禁止

□□ 57 以前 ↕ 以後

□□ 58 勤勉 ↕ 怠《たい》惰《だ》

□□ 59 虚《きょ》偽《ぎ》 ↕ 真実

□□ 60 総合 ↕ 分《ぶん》析《せき》

□□ 61 革新 ↕ 保守

□□ 62 原告 ↕ 被《ひ》告《こく》

□□ 63 開放 ↕ 閉《へい》鎖《さ》

□□ 64 興《こう》隆《りゅう》 ↕ 滅《めつ》亡《ぼう》

□□ 65 有能 ↕ 無能

□□ 66 賛成 ↕ 反対

□□ 67 楽観 ↕ 悲観

□□ 68 好《こう》況《きょう》 ↕ 不《ふ》況《きょう》

□□ 69 失敗 ↕ 成功

□□ 70 質素 ↕ 華《か》美《び》

□□ 71 幸運 ↕ 不運

□□ 72 出発 ↕ 到《とう》着《ちゃく》

□□ 73 当番 ↕ 非番

□□ 74 脱《だっ》退《たい》 ↕ 加入

□□ 75 有効 ↕ 無効

□□ 76 遺失 ↕ 拾得

□□ 77 温暖 ↕ 寒冷

□□ 78 巻頭 ↕ 巻末

□□ 79 歳《さい》出《しゅつ》 ↕ 歳《さい》入《にゅう》

□□ 80 干《かん》渉《しょう》 ↕ 放任

□□ 81 高《こう》尚《しょう》 ↕ 低《てい》俗《ぞく》

□□ 82 起点 ↕ 終点

対義語になる言葉は、一つとは限らない。ここでは代表的なものを挙げておいたよ。

第**8**位

筆順

出るランク

□□ 01
万…
一丁万

□□ 02
収…
丨丬収収

□□ 03
可…
一一一一一可可

□□ 04
皮…
丿厂皮皮皮

□□ 05
必…
丶ソ必必必

□□ 06
氷…
丨丬氺氺氷

□□ 07
成…
丿厂厂成成成

□□ 17
乗…
一二千千千乗乗乗

□□ 18
飛…
乁飞飞飞飞飞飛飛飛

□□ 19
発…
フ癶癶癶癶癶発発

□□ 20
庭…
一广广广庐庐庭庭

□□ 21
骨…
丨冂冂冂冎骨骨骨骨

□□ 22
馬…
丨厂厂丐丐馬馬馬馬馬

□□ 23
第…
丿竺竺竺竺竺竺竺第第

漢字編
漢字・語句の知識編
文法編

□□ 08 我…
□□ 09 状…
□□ 10 臣…
□□ 11 承…
□□ 12 長…
□□ 13 版…
□□ 14 武…
□□ 15 門…
□□ 16 逆…

□□ 24 郵…
□□ 25 歯…
□□ 26 衆…
□□ 27 善…
□□ 28 遊…
□□ 29 業…
□□ 30 雑…
□□ 31 機…
□□ 32 観…

第9位

ことわざ

出るランク A B C

01 **帯に短したすきに長し**

中途半端《ちゅうとはんぱ》で役に立たないこと。

02 **能ある鷹《たか》は爪《つめ》を隠《かく》す**

優れた才能のある人は、むやみにそれを見せびらかさない。

03 **立つ鳥跡《あと》を濁《にご》さず**

何事も後始末をきれいにすべきである。

⇔後は野となれ山となれ

04 **案ずるより産むが易《やす》し**

物事は実際にやってみると、始める前に心配したほどのことはなく、たやすいものだ。

10 **先《さき》んずれば人を制す**

他人より先に物事を行えば、有利な立場に立つことができる。

11 **船頭多くして船山に登る**

指図する者が多くて、物事が目標に向かって順調に進まない。

12 **雨垂《あまだ》れ石を穿《うが》つ**

小さなことでも根気強く続ければ、物事を成し遂《と》げられる。

＝石の上にも三年

13 **泣き面《つら》に蜂《はち》**

不運の上に、さらにまた不運が重なること。

＝弱り目に祟《たた》り目

□□ 05

雀《すずめ》の涙《なみだ》

非常に少ないこと。

□□ 06

一寸の虫にも五分《ごぶ》の魂《たましい》

小さいものや弱いものにも、それに応じた誇《ほこ》りがあるので、ばかにできないということ。

□□ 07

猫《ねこ》に小判

価値あるものも、もつ人によっては役に立たないこと。

＝豚《ぶた》に真珠《しんじゅ》

□□ 08

光陰《こういん》矢の如《ごと》し

月日がたつのは、矢の飛ぶように早いものだ。

＝歳月《さいげつ》人を待たず

□□ 09

いわしの頭も信心から

つまらないものでも、信心の対象となったらありがたがられること。

□□ 14

前門《ぜんもん》の虎《とら》、後門《こうもん》のおおかみ

一つの災難を逃《のが》れてすぐに、また新たな災難に遭《あ》うこと。

□□ 15

灯台もと暗し

身近なことは、かえって気がつきにくいものだ。

□□ 16

ぬかにくぎ

いくら努力しても、何の手応えもないこと。

＝のれんに腕押《うでお》し・豆腐《とうふ》にかすがい

□□ 17

待てば海路の日和《ひより》あり

落ち着いて待っていれば、そのうちよいことが訪れる。

□□ 18

弘法《こうぼう》にも筆の誤り

名人でも、ときには失敗することがある。

＝猿《さる》も木から落ちる・上手《じょうず》の手から水が漏《も》る

第10位

故事成語

出るランク

□□ 01
呉《ご》越《えつ》同《どう》舟《しゅう》
仲の悪い者どうしが同じところに居合わせること。

□□ 02
推《すい》敲《こう》
文章などの表現を、何度も練り直すこと。

□□ 03
矛《む》盾《じゅん》
二つの事柄《ことがら》のつじつまが合わないこと。

□□ 04
五十歩百歩
少しの違《ちが》いはあっても、実際はほとんど同じこと。

□□ 05
蛇《だ》足《そく》
後から付け加えられた余計なもの。

□□ 06
他《た》山《ざん》の石
自分の人格を磨《みが》くのに役立つ、他人のつまらない言動。

□□ 07
杞《き》憂《ゆう》
余計な心配をすること。取り越《こ》し苦労。

□□ 08
朝《ちょう》三《さん》暮《ぼ》四《し》
目先の損得にとらわれて、結果が同じになることに気づかないこと。

□□ 09
背《はい》水《すい》の陣《じん》
決死の覚悟《かくご》で全力を尽《つ》くしてことに当たること。

□□ 20
病《やまい》膏肓《こうこう》に入《い》る
①不治の病にかかる。
②物事に熱中して手がつけられなくなる。

□□ 21
虎《とら》の威《い》を借《か》るきつね
自分には力がないのに、強い人や勢いのある人の力を利用していばる人のこと。

□□ 22
羹《あつもの》に懲《こ》りてなますを吹《ふ》く
以前の失敗に懲《こ》りて、必要以上に用心深くなること。「羹」は熱い汁物《しるもの》のこと。

□□ 23
羊《よう》頭《とう》を懸《かか》げて狗《く》肉《にく》を売る
表面は立派でも、内容が伴《ともな》わないこと。見かけ倒《だお》し。「羊頭狗肉《ようとうくにく》」ともいう。

□□ 10 **塞翁《さいおう》が馬**

人の幸・不幸は予測することができないということ。

□□ 11 **蛍雪《けいせつ》の功**

大変な苦労をして学問に励《はげ》んだ成果。

□□ 12 **温故知新《おんこちしん》**

昔のことを研究して、新しい知識や方法を得ること。

□□ 13 **臥薪嘗胆《がしんしょうたん》**

目的の達成のため、大変な苦心や苦労をすること。

□□ 14 **断腸《だんちょう》の思い**

はらわたがちぎれるほどの痛切な思い。深い悲しみ。

□□ 15 **四面楚歌《しめんそか》**

周りが敵や反対者ばかりで味方がいないこと。

□□ 16 **大器晩成《たいきばんせい》**

優れた人物は、若い頃《ころ》は目立たず、年を取ってから大成すること。

□□ 17 **隔靴掻痒《かっかそうよう》**

思いどおりにならなくて、はがゆいこと。

□□ 18 **玉石混淆《ぎょくせきこんこう》(交《こう》)**

優れたものと劣《おと》ったものとが、入り混じっていること。

□□ 19 **画竜点睛《がりょうてんせい》**

物事の最後に加える、大切な仕上げ。

□□ 24 **虎穴《こけつ》に入《い》らずんば虎子《こじ》を得ず**

危険なことを避《さ》けていては、大きな成功は得られないということ。

□□ 25 **鶏口《けいこう》となるも牛後《ぎゅうご》となるなかれ**

大きな組織の中で人の下にいるよりも、小さな組織の中でもその長であるほうがよい。「鶏口牛後《けいこうぎゅうご》」ともいう。

□□ 26 **覆水《ふくすい》盆《ぼん》に返らず**

①一度別れた夫婦は、元の仲には戻《もど》れない。
②一度してしまったことは、取り返しがつかない。

□□ 27 **義を見てせざるは勇無きなり**

人として当然しなければならないことと知っていながら実行しないのは、その人に勇気がないからである。

2 多義語を押《お》さえよう

【明るい】

01 光が十分にある。
例 東の空が明るい。

02 朗《ほが》らかだ。
例 姉は明るい性格だ。

03 希望や期待がもてる。
例 明るい未来を思い描《えが》く。

04 やましいところがない。
例 明るい選挙活動を行う。

05 色が鮮明《せんめい》だ。くすみがない。
例 明るい青のスカーフ。

06 ある物事について、よく知っている。
例 地元の歴史に明るい。

【見せる】

01 人に見えるようにする。
例 友人に写真を見せる。

02 わかるように表に出す。
例 野球に関心を見せる。

03 経験させる。
例 つらい目を見せる。

【伺《うかが》う】

01 お尋《たず》ねする。
例 先生の意見を伺《うかが》う。

02 お聞きする。
例 先生のお話を伺《うかが》う。

03 お訪ねする。
例 先生のお宅へ伺《うかが》う。

RANK

文法編

高校入試でよく出題される文法項目を、ランク順に配列してあります。まずはAランクをしっかり覚えてから、Bランク・Cランクにも挑戦しましょう。

第1位

敬語

出るランク A B C

1 紛《まぎ》らわしい尊敬語と謙譲《けんじょう》語の表現を区別する。

お（ご）～になる	尊敬語	市長がお話しになる。教授がご説明になる。
お（ご）～する	謙譲《けんじょう》語	先生にお伝えする。社長にご報告する。

2 特別な動詞の尊敬語と謙譲《けんじょう》語を区別する。

普通《ふつう》の言い方	尊敬語	謙譲《けんじょう》語
言う・話す	おっしゃる	申す・申しあげる
行く・来る	いらっしゃる・おいでになる	参る・伺《うかが》う
食べる・飲む	召《め》しあがる	いただく・頂戴《ちょうだい》する
する	なさる・あそばす＊	いたす
見る	ご覧になる	拝見する

＊「あそばす」は、「いかがあそばしますか」などと使う。

実戦問題にチャレンジ！

1 **次の各文の――線部①～③を、それぞれ正しい敬語表現に直して書きなさい。**（①・②は特別な動詞を答えなさい。）

Aさん「先生、明日の展覧会に、校長先生は①参りますか。」
先生「その予定だよ。みんなの絵を②拝見したいそうだ。」
Aさん「わかりました。では③お待ちになっています。」

① いらっしゃい（おいでになり）　② ご覧になり　③ お待ちし

2 **次の文の――線部のうち、誤った敬語の使い方をしているものを一つ選び、記号で答えなさい。**

ア 私から先生にご連絡《れんらく》します。
イ お客様が紅茶とケーキを召《め》しあがった。
ウ 部下が部長に意見をおっしゃいました。
エ Bさんのご両親もさぞお喜びになるでしょう。
オ 市長が地元の企業《きぎょう》に見学に来られる。

ウ

解き方のポイント

1 それぞれ、誰《だれ》の動作かを確認することが大切である。
①校長先生の動作なので、「来る」の尊敬語の動詞に直す。
②校長先生の動作なので「見る」の尊敬語の動詞に直す。
③A君の動作なので、「お（ご）～する」という謙譲《けんじょう》語の表現に直す。

2 目上の人の動作か、自分や自分の身内の動作かに注意して見分ける。**ウ**「部下」の動作なので、「申す・申しあげる」という謙譲《けんじょう》語を使う。**オ**は、「られる」という尊敬の助動詞を使った表現で、「市長」の動作に対して使われているので、正しい。

第2位

動詞の活用

出るランク A B C

1 活用の種類は、下に「ない」を付けて見分ける。

① 五段 活用（アイウエオの五段に活用）	▼例 歩か(ka)ない…直前がア段の音
② 上一段 活用（イ段の音をもとに活用）	▼例 借り(ri)ない…直前がイ段の音
③ 下一段 活用（エ段の音をもとに活用）	▼例 食べ(be)ない…直前がエ段の音

2 活用形は、下に続く言葉で見分ける。

活用形	主な続く言葉
未然形	ない・う（よう）
連用形	ます・た(だ)・たり(だり)・て(で)
終止形	。（言い切って文を終える）
連体形	とき・こと・もの
仮定形	ば
命令形	。（命令して言い切る）

実戦問題にチャレンジ！

1 **次の動詞の活用の種類を一つ選び、記号で答えなさい。**

(1) 閉じる　イ

(2) 急ぐ　ア

ア 五段活用　**イ** 上一段活用

ウ 下一段活用　**エ** サ行変格活用

2 **次の各文の――線部の動詞のうち、活用形が他と異なっているものを一つ選び、記号で答えなさい。**

ア このところ遊んでばかりいる。

イ あの姉妹は顔立ちがよく似ている。

ウ チャイムが夕方五時を告げた。

エ 明日、晴れれば遠足だ。

オ むやみに焦《あせ》ったりする必要はない。

エ

! 解き方のポイント

1 動詞の活用の種類は、下に「ない」を付けて見分ける。

(1)「閉じる」は直前が「閉じ(ji)ない」とイ段の音になるので**イ**の「上一段活用」。(2)「急ぐ」は直前が「急が(ga)ない」とア段の音になるので**ア**の「五段活用」。

エの「サ行変格活用(サ変)」の動詞は「する」と、「〜する」という複合動詞のみ。また、カ行変格活用(カ変)は「来る」一語のみであることも覚えておく。

2 下に続く言葉から判断する。

アは「で」、**イ**は「て」、**ウ**は「た」、**オ**は「たり」に続いているので、全て連用形である。**エ**は「ば」に続いているので仮定形である。

第3位

「ない」の識別

出るランク A B C

1 二種類の品詞がある。

形容詞	①形容詞「ない」	▼例 雨なので、外での練習はない。
	②補助(形式)形容詞	▼例 今年の冬は、あまり寒くない。
	③形容詞の一部	▼例 あどけない寝顔《ねがお》の赤ん坊《ぼう》。
助動詞(否定〈打ち消し〉)		▼例 この本は、いくら読んでも飽《あ》きない。

2 言葉を言い換《か》えたり補ったりして見分ける。

形容詞	「ない」▼直前に「は」「が」などの助詞がある	例 もうノート[が]ない。
補助(形式)形容詞	▼直前に「は」「も」を補える	例 値段は安くない。↓安くはない
形容詞の一部	▼「ない」の前で切り離《はな》せない	例 人生は、はかないものだ。
助動詞(否定〈打ち消し〉)	▼「ぬ」と言い換《か》えられる	例 宿題が終わらない。↓終わらぬ

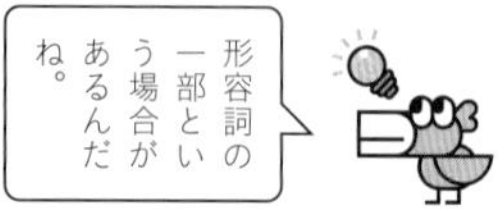

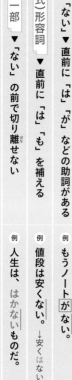

実戦問題にチャレンジ！

次の各文の――線部と同じ意味・用法のものをそれぞれ一つ選び、記号で答えなさい。

(1) 彼《かれ》はちっとも悪くない。

ア 何度聞いてもはっきり言わない。

イ さりげない優しさが心にしみる。

ウ もう何日も姿を見かけない。

エ 安易に慰《なぐさ》められてもうれしくない。

エ

(2) あのときの一言は一生忘れない。

ア 何があってもくじけない精神力をもちたい。

イ 平然としているが、内心穏《おだ》やかでない。

ウ 自分にはふさわしくないような気がする。

エ 今年も残すところ二か月しかない。

ア

解き方のポイント

言葉を言い換《か》えたり補ったりして、品詞や種類を見分ける。

(1)「悪くない」とエ「うれしくない」は、直前に「は」を補えるので補助(形式)形容詞。ア「言わない」とウ「見かけない」は「ぬ」と言い換《か》えられるので助動詞。イ「さりげない」は「ない」の前で切り離《はな》せないので形容詞の一部。

(2)「忘れない」とア「くじけない」は「ぬ」と言い換《か》えられるので助動詞。イ「穏《おだ》やかでない」、ウ「ふさわしくない」は直前に「は」を補えるので補助(形式)形容詞。エ「二か月しかない」は、前に「しか」という助詞(副助詞)があるので形容詞。

第4位

「れる・られる」の識別

出るランク A

① 助動詞「れる・られる」の意味は四つ。言い換《か》えて見分ける。

受け身	▼「～ことをされる」と言い換《か》えられる	例 先生に褒《ほ》められる。 ↓褒《ほ》めることをされる
可能	▼「～ことができる」と言い換《か》えられる	例 この魚は生で食べられる。 ↓食べることができる
自発	▼前に「自然に」を補える	例 故郷が思い出される。 ↓自然に思い出される
尊敬	▼「お（ご）～になる・なさる」と言い換《か》えられる	例 先生が説明される。 ↓ご説明になる

② 可能動詞と可能の助動詞「れる・られる」を見分ける。

可能動詞	一語の動詞（全て 下一段 活用）	例 走れる・乗れる
可能の助動詞	動詞の未然形 ＋「れる・られる」	例 行かれる・起きられる

実戦問題にチャレンジ！

1 次の文の――線部の助動詞と同じ意味・用法のものを一つ選び、記号で答えなさい。

＊彼《かれ》の身の上が案じられる。

ア 講師が聴衆《ちょうしゅう》に手を振《ふ》られる。

イ あのときの失言が悔《く》やまれる。

ウ 出先で夕立に降られる。

エ 明日までなら終えられる。

イ

2 次の各文の――線部が助動詞であるものに○、そうでないものには×と書きなさい。

ア こう言われれば、納得できる。　○

イ 時が流れれば、忘れることもある。　×

ウ あのくらいの山なら登れそうだ。　×

エ 監督《かんとく》もその案に賛成された。　○

！ 解き方のポイント

1 言葉を言い換《か》えて、それぞれの意味を理解する。

「案じられる」と**イ**「悔《く》やまれる」は、「自然に案じられる（悔《く》やまれる）」と前に「自然に」を補えるので自発。自発はこの他、「思う」「感じる」「しのぶ」など心の作用を表す動詞に付くことが多い。

ア「振《ふ》られる」は「お振りになる」と言い換《か》えられるので尊敬。**ウ**「降られる」は「降ることをされる」と言い換《か》えられるので受け身。**エ**「終えられる」は「終えることができる」と言い換《か》えられるので可能。

2 特に可能動詞との違《ちが》いに注意する。**ア**は助動詞（受け身）、**イ**は「流れる」という動詞の一部、**ウ**は「登れる」という可能動詞の一部、**エ**は助動詞（尊敬）。

第5位 副詞

出るランク A B C

1 三種類の副詞がある。

状態の副詞	状態や様子を表す	主に動詞を修飾《しゅうしょく》	例 ひっそり・ふと
程度の副詞	程度を表す	用言、名詞、副詞などを修飾《しゅうしょく》	例 かなり・ずっと
呼応（陳述《ちんじゅつ》・叙述《じょじゅつ》）の副詞	気持ちや考えを表す	特定の動詞や助詞と結び付く	例 なぜ・たとえ

2 呼応（陳述《ちんじゅつ》・叙述《じょじゅつ》）の副詞は、特定の表現と結び付く。

疑問・反語	どうして（なぜ）遅《おく》れたのか。	推量	おそらく（たぶん）来るだろう。
否定（打ち消し）	ちっとも（全く）終わらない。	希望	どうか（ぜひ）教えてほしい。
否定の推量	まさか（よもや）そんなことはあるまい。		
仮定	たとえ（いくら）つらくても、頑張《がんば》ろう。		仮に（もし）晴れれば、開催《かいさい》される。
たとえ	まるで（あたかも）赤ん坊《ぼう》の手のようだ。		

実戦問題にチャレンジ!

1 次の各組で、――線部が副詞であるほうを選び、記号で答えなさい。

(1)
ア よくこのレストランに来る。
イ 味もよく、盛り付けも美しい。

(2)
ア あまりのデザートを分ける。
イ 今日はあまり食欲がない。

(1) ア　(2) イ

2 次の各文の□に当てはまる呼応の副詞をそれぞれ選び、それぞれ記号で答えなさい。

(1) 私には□悪気があったわけではない。
(2) □自分の手柄《てがら》のように自慢《じまん》する。
(3) 君には□理解してもらえるだろう。

ア まるで　**イ** 決して
ウ まさか　**エ** たぶん

(1) イ　(2) ア　(3) エ

解き方のポイント

1 副詞は活用しない自立語で、単独で、主に連用修飾《しゅうしょく》語になる品詞である。文中で修飾《しゅうしょく》語以外の働きをするかどうかなどの観点から判断する。
(1)**ア**「よく」は「来る」に係るので副詞。**イ**「よく」は形容詞の連用形。(2)**ア**「あまり」は名詞。**イ**「あまり」は「ない」に係るので副詞。

2 それぞれ、どんな表現と結び付いているかに注目する。
(1)は「ない」と結び付いているので、否定(打ち消し)を表す**イ**「決して」が、(2)は「~(の)ように」と結び付いているので、たとえを表す**ア**「まるで」が、(3)は「だろう」と結び付いているので、推量を表す**エ**「たぶん」が当てはまる。

第6位 文の組み立て

出るランク A B C

① 主語・述語は文の構成の中心である。

主語 （主部）	「何が」「誰《だれ》が」などを表す文節
述語 （述部）	「どうする」「どんなだ」「何だ」「ある」「いる」「ない」を表す文節

連文節（二つ以上の文節）の場合は「主部」「述部」というのだったね。

② 長い文の場合、主語（主部）は、まず述語（述部）を見つけてから探す。

①まず、述語（述部）を探す。下の例では「尋《たず》ねてきた」が述部。

②その述語（述部）につながる「何が（誰《だれ》が）」に当たる文節を探す。下の例では、「老人が」が主語。

※主語（主部）の形は、「〜が」の他に「は・も・こそ・さえ・だけ・まで」などもある。

例 雑談しながら公園に向かう私たちの前方を歩いていた老人が、今日、この近くの川でさけの遡上《そじょう》が確認されたというニュースを見たかねと、うれしそうな顔で尋《たず》ねてきた。

実戦問題にチャレンジ！

1 **次の⑴・⑵からは主語を、⑶・⑷からは述部を抜《ぬ》き出しなさい。**

⑴ 詳《くわ》しく知らないので、僕《ぼく》は小さな声で話し始めた。
⑵ 弟だけでなく、妹までゲームに夢中になっている。
⑶ 向こうで手を振《ふ》っているのは、私の友人だ。
⑷ 後もう少しで、宿題が終わるところだ。

⑴ 僕《ぼく》は　⑵ 妹まで
⑶ 私の友人だ　⑷ 終わるところだ

2 **次の文を、主語と述語が対応した適切な一文にするために、次に続くように□に当てはまる部分を書きなさい。**

＊記憶《きおく》に残っているのは、輝《かがや》くような緑の草原を覚えている。
↓記憶《きおく》に残っているのは、□。

輝《かがや》くような緑の草原だ（である）

解き方のポイント

1 主語（主部）を問われたときは述語（述部）も、述語（述部）を問われたときは主語（主部）も探し、主語・述語の関係になっているかどうか確かめるとよい。

⑵「妹まで」のように「が・は」以外の助詞を伴《ともな》うものもあるので注意。

⑶・⑷述語ではなく述部を答えることに注意。

2 文のねじれを正す問題である。

ここでの問題文では、主部が「記《き》憶《おく》に残っているのは」なのに、述部でも「覚えている」と内容が重複しているので、主語・述語の関係が不適切である。また、主語が「〜残っているの(=もの)は」なので、全体として「何は—何だ」という形にする必要がある。

第7位

文節分け

出るランク A B C

1 文節と単語の違《ちが》いを理解する。

文節	意味を壊《こわ》さず、発音しても不自然にならない範囲《はんい》で、文をできるだけ短く区切ったひと区切り
単語	文節をさらに細かく分け、これ以上分けることができない言葉の最も小さな単位

例

文節	文節	文節	文節	文節	文節
旅館の	窓から	温泉街と	緑の	山々が	見える。
単語 旅館／単語 の	単語 窓／単語 から	単語 温泉街／単語 と	単語 緑／単語 の	単語 山々／単語 が	単語 見える

※単語のうち「の」「から」「と」「が」のような付属語は、単独で文節を作れない。

2 文節は「ネ・サ・ヨ」を入れて区切る。

例 旅先での（ネ） 楽しみは（サ） 美しい（サ） 景色と（ネ） おいしい（サ） 食事だ。（ヨ）

話す調子で「ネ・サ・ヨ」を入れて、自然に切れるところが文節の切れ目だよ。

実戦問題にチャレンジ！

1 次の各文から、文節の区切り方として正しいものを一つ選び、記号で答えなさい。

ア 世の／中には／いろいろな／考え方の／人が／いる。
イ 世の中には／いろいろ／な／考え／方の／人が／いる。
ウ 世の中には／いろいろな／考え方の人が／いる。
エ 世の中には／いろいろな／考え方の／人が／いる。

エ

2 次の各文はいくつの文節に区切ることができるか。文節の数を算用数字で答えなさい。

ア 遠くに白い鳥が飛んでいるのが見える。　6
イ 絵を描《か》くことが何より楽しい。　5
ウ 先生は毎日、学級新聞を発行している。　5
エ 夏休みは夏期講習に参加する予定だ。　4

! 解き方のポイント

1 「ネ・サ・ヨ」を入れて自然に区切れるところを探す。
「世の中」「考え方」「いろいろな（終止形は「いろいろだ」）は一単語なので、区切らないように注意。

2 「ネ・サ・ヨ」を入れて発音する中で、迷いやすい文節の区切りに注意する。
ア「飛んでいる」…「～て（で）／いる・みる・しまう」などは区切る。
イ「描《か》くこと」…「～（する）／こと・もの・とき」などは区切る。**ウ**「学級新聞」…複合語は一単語なので区切らない。

第8位 修飾《しゅうしょく》・被《ひ》修飾《しゅうしょく》の関係

出るランク A B C

1 修飾《しゅうしょく》語には連用修飾《しゅうしょく》語と連体修飾《しゅうしょく》語がある。

連用修飾《しゅうしょく》語

「どのように・どのくらい・いつ・どこで」などを表す言葉
→**用言を含《ふく》む文節を修飾《しゅうしょく》**

例
のんびりと（連用修飾語） 公園を 歩く。（被修飾語）
部屋で ゆっくり（連用修飾語） くつろぐ。（被修飾語）

連体修飾《しゅうしょく》語

「何の・誰《だれ》の・どんな」などを表す言葉→**体言を含《ふく》む文節を修飾《しゅうしょく》**

例
広い（連体修飾語） 公園を（被修飾語） 歩く。
自分の（連体修飾語） 部屋で（被修飾語） くつろぐ。

2 意味のつながる、いちばん下の文節が被《ひ》修飾《しゅうしょく》語。

例
国内で　珍《めずら》しい　色の　新種の　ばらが　発見された。

（国内で→珍しい ×、国内で→色の ×、国内で→新種の ×、国内で→ばらが ×、国内で→発見された ○）

修飾《しゅうしょく》語は、被《ひ》修飾《しゅうしょく》語より前にあるのが普通《ふつう》だよ。一つずつ、下の言葉に続けられるかを確かめよう。

実戦問題にチャレンジ！

1 次の文の‖線部が修飾《しゅうしょく》している文節を、——線部①〜⑤から一つ選び、記号で答えなさい。

＊祖母の　家には　自然と、①友人や　②親戚《しんせき》たちが　③交流するのを　④楽しみに　⑤集まる。

⑤

2 次の各文の——線部は、どの文節に係るか。それぞれ答えなさい。

(1)　今後、まだ話したことのない人と話すのが課題だ。

ない

(2)　不思議と友人というものは、似た者どうしが固まるということだ。

固まると

(3)　いつからか、人を第一印象だけで判断するようなことはやめた。

やめた

！ 解き方のポイント

1 ‖線部「自然と」と一つ一つ結び付けてみて、意味の通じる文節を探す。③「交流するのを」と答えないように注意。意味のつながる、いちばん下の文節が被修飾《ひしゅうしょく》語である。

2 (1)「まだ……ない」という呼応の関係にある。(2)「いう」や「ことだ」と答えないように注意。「不思議と……固まる」が意味の通じる結び付きである。(3)「判断する」と答えないように注意。「いつからか……やめた」が意味の通じる結び付きである。

第9位

品詞の分類

出るランク A B C

① 品詞は、自立語と付属語に分けられる。

自立語	単独で文節を作ることができる	動詞・形容詞・形容動詞・名詞・副詞・連体詞・接続詞・感動詞
付属語	単独で文節を作ることはできない	助詞・助動詞

② 活用しない自立語は五品詞。文の中での働きで識別する。

活用しない自立語

- 名詞……主語になる
- 副詞……主に連用修飾語《しゅうしょく》になる
- 連体詞……連体修飾語《しゅうしょく》になる
- 接続詞……接続語になる
- 感動詞……独立語になる

活用する自立語（動詞・形容詞・形容動詞）は、まとめて「用言」というね。これに対して名詞は「体言」と呼ばれるよ。

実戦問題にチャレンジ！

1 次の各文の――線部の単語の品詞名を、それぞれ一つ選び、記号で答えなさい。

(1) だんだん参加希望者が増える。　［エ］

(2) 少しずつ解決しそうだった。　［キ］

(3) 大きな声で挨拶《あいさつ》するよう心掛《こころが》ける。　［オ］

ア 動詞　イ 形容詞　ウ 形容動詞　エ 副詞

オ 連体詞　カ 助詞　キ 助動詞

2 次の文の――線部と品詞が同じものを一つ選び、記号で答えなさい。

＊彼女《かのじょ》の考えをもっと知りたいと思うようになった。

ア この店は味もよく、雰囲気《ふんいき》もよい。

イ 最近、彼《かれ》の姿をよく見かける。

ウ いろいろな国に行ってみたい。

エ いろんな人と交流する。

［イ］

! 解き方のポイント

1 それぞれ、活用するかしないか、自立語か付属語か、文の中でどんな働きをしているかなどから判断する。

(1)「だんだん」は「増える」という動詞(用言)を修飾《しゅうしょく》する**エ**「副詞」。

(2)「そうだ」は「解決し(する)」という自立語に付いており、「そうだっ」と活用しているので、活用する付属語**キ**「助動詞」。

(3)「大きな」は「声」という名詞(体言)を修飾《しゅうしょく》する**オ**「連体詞」。「大きい」であれば形容詞なので注意。

2 似た形の単語に注意する。

「もっと」と**イ**「よく」は副詞。

ア「よく」は形容詞の連用形。

ウ「いろいろな」は形容動詞の連体形。

エ「いろんな」は連体詞。

第10位 「に」の識別

出るランク A

◎ 言い換《か》えをして品詞の違《ちが》いを見分ける。

格助詞 ▼「〜だ」で文を終えられない

例 全員が駅前に集合する。 →×全員が駅前だ。

接続助詞 「のに」の一部▼「のに」を「けれど」と言い換《か》えられる

例 暑いのに、長袖《ながそで》の服を着ている。 →暑いけれど、長袖《ながそで》の服を着ている。

助動詞 「そうだ・ようだ」の連用形の一部▼直前に「そう」「よう」がある

例 恥《は》ずかしそうにほほえむ。 子どものように無邪気《むじゃき》だ。

形容動詞 連用形の活用語尾《ごび》▼「〜な＋名詞」の形にできる

例 駅ビルが立派に完成する。 →立派な駅ビル。

「次第に」「さらに」「既《すで》に」など、「〜に」という形の副詞の一部であることもあるよ。

実戦問題にチャレンジ!

1 **次の各文の――線部の中で、種類が他と異なるものを一つ選び、記号で答えなさい。**

ア 彼《かれ》の言動に疑問を覚える。
イ 自分の心に浮《う》かんだ言葉を書きとめる。
ウ 何も言わずに立ち去る。
エ やる気はあるのに行動が伴《ともな》わない。

エ

2 **次の文の――線部と同じ意味・用法のものを一つ選び、記号で答えなさい。**

＊クラスで活発に意見交換《こうかん》がなされる。

ア 指摘《してき》されたようにその意見には矛盾《むじゅん》がある。
イ 確かに話し合いが必要だ。
ウ 学級委員が先生に意見を求める。
エ 賛成の人が一斉《いっせい》に手を挙げる。

イ

! 解き方のポイント

1 言い換《か》えて違《ちが》いを見分ける。
ア・イ・ウはどれも「〜だ」で文を終えられないので、格助詞「に」。**エ**は「のに」を「けれど」と言い換《か》えられるので、接続助詞「のに」の一部。

2 「活発に」と**イ**「確かに」は「活発なクラス」、「確かな話し合い」と言い換《か》えられるので、形容動詞の活用語《ご》尾《び》。
アは直前に「よう」があるので助動詞「ようだ」の一部。**ウ**は「学級委員が先生だ」という形では文を終えられないので格助詞。**エ**は「一斉《いっせい》に」という副詞の一部。

第11位

接続語

出るランク A B C

① 接続語の形には、いくつかの種類がある。

接続詞（一単語の接続語）	例 そして・だから・しかし・つまり
接続助詞を使った接続語（二単語以上で一文節の接続語）	例 雨なので（接続助詞）・くたびれたが（接続助詞）・静かなのに（接続助詞）
一単語ではない接続語	例 このため・その反面・この他・次に

② 接続詞の主な意味を見分ける。

順接	前が原因・理由となり、後に順当な結果が続く	例 だから・それで
逆接	前で予想されることとは逆の結果が後に続く	例 しかし・けれども
並立・累加《るいか》	前に後の事柄《ことがら》を並べたり付け加えたりする	例 また・しかも
対比・選択《せんたく》	前と後を比べたり、選んだりする	例 あるいは・それとも
説明・補足	前の事柄《ことがら》に、後の事柄《ことがら》が説明や補足を加える	例 つまり・なぜなら
転換《てんかん》	前の事柄《ことがら》とは話題を変え、別の話を続ける	例 ところで・では

◀◀ 実戦問題にチャレンジ！

1 次の各文から接続語を書き抜《ぬ》きなさい。

(1) 挨拶《あいさつ》しても、店内はしんとしていて返答はなかった。

(2) 休憩《きゅうけい》しようか。あるいは今日はもう終わりにしよう。

(3) 早めに出よう。なぜかというと、道路が渋滞《じゅうたい》中だからだ。

(1) 挨拶《あいさつ》しても　(2) あるいは　(3) なぜかというと

2 次の各文の――線部の接続詞の働きをそれぞれ一つ選び、記号で答えなさい。

(1) あの人は私の父の弟、つまり私の叔父《おじ》だ。　オ

(2) 咳《せき》がひどく、そのうえ熱まで上がってきた。　ウ

(3) うまくいった。ところが状況《じょうきょう》が変わった。　イ

ア 順接　**イ** 逆接　**ウ** 並立・累加《るいか》

エ 対比・選択《せんたく》　**オ** 説明・補足　**カ** 転換《てんかん》

! 解き方のポイント

1 一単語とは限らないので注意する。

(1)「挨拶《あいさつ》しても」は「挨拶《あいさつ》する」という動詞に「ても」という接続助詞が付いた接続語。

(2)「あるいは」は接続詞で、一単語の接続語。

(3)「なぜかというと」は接続語として使われる連文節。

2 接続詞の前後の内容から判断する。

(1)は「父の弟」を「叔父《おじ》」と言い換《か》えて説明しているので、**オ**「説明・補足」。

(2)は「咳《せき》がひどい」に付け加えて「熱も上がってきた」ことを述べているので、**ウ**「並立・累加《るいか》」。

(3)は「うまくいった」という状況《じょうきょう》が変わったので、**イ**「逆接」。

第12位 形容詞・形容動詞

出るランク A B C

① 形容詞と形容動詞の違《ちが》いは言い切りの形。

形容詞	言い切りの形が「い」で終わる	例 赤い・暑い・激しい
形容動詞	言い切りの形が「だ・です」で終わる	例 穏《おだ》やかだ・冷静です

共通する特徴《とくちょう》
- 活用する自立語
- 物事の状態・性質などを表す言葉

② 似た形の、違《ちが》う品詞の言葉と区別する。

小さい	形容詞	例 近所に小さい公園がある。
小さな	連体詞	例 近所に小さな公園がある。
いろいろな	形容動詞	例 いろいろなメニューがあって迷う。
いろんな	連体詞	例 いろんなメニューがあって迷う。

形容詞の連用形の「よく」と副詞の「よく」にも注意。

実戦問題にチャレンジ!

1 **次の文の――線部①・②と同じ品詞のものをそれぞれ一つ選び、記号で答えなさい。**

＊彼女《かのじょ》は、①かすかに表情を変え、②ひどく早口で話し始めた。

ア 全員が大いに楽しんだ。
イ 相手の目をまっすぐに見つめる。
ウ この公園にはよく来る。
エ 果てしなく続く地平線。

① イ　② エ

2 **次の各文の――線部の言葉のうち、形容詞か形容動詞であるものを二つ選び、記号で答えなさい。**

ア 最近、おかしなことばかり続いている。
イ こんな状態では、先が思いやられる。
ウ 中学生に向けて書かれた文学作品。
エ 力いっぱい引っ張り上げる。
オ 子どもらしい素直な絵を描《か》く。

イ　オ

解き方のポイント

1 それぞれ、言い切りの形に直せるものは直して判断する。
――線部①は形容動詞「かすかだ」の連用形。②は形容詞「ひどい」の連用形。**ア**「大いに」は副詞。**イ**は形容動詞「まっすぐだ」の連用形。**ウ**「よく」は副詞。**エ**は形容詞「果てしない」の連用形。

2 **ア**「おかしな」は連体詞。**イ**「こんな」は形容動詞の語幹。「こそあど言葉」のうち、「こんなだ・そんなだ・あんなだ・どんなだ」は形容動詞である。**ウ**は「中学生」という名詞に「に」という格助詞が付いている。**エ**「力いっぱい」は副詞。**オ**「子どもらしい」は、「子ども」という名詞に「らしい」という接尾語《せつび》が付いてできた形容詞。

第13位

並立・補助の関係

出るランク A B C

1 並立・補助の関係は、連文節になる。

並立の関係	二つ以上の文節が対等の役割で並ぶ関係 例 コーヒーと 紅茶を 用意する。 安くて おいしい 飲食店。
補助の関係	主な意味を表す文節と、後に付いて補助的な意味を添《そ》える文節との関係 例 よく わかって くる。 安易に 決めないで ほしい。

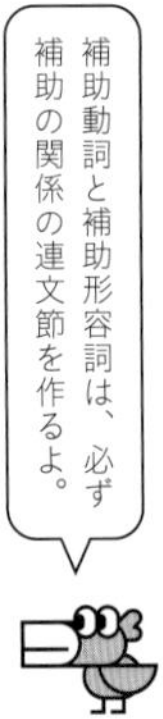
補助動詞と補助形容詞は、必ず補助の関係の連文節を作るよ。

2 補助の関係では、「〜て（で）」と補助動詞・補助形容詞に注目。

・主な意味を表す文節は「〜て（で）」となっていることが多い。
・補助的な意味を添《そ》える文節は、補助動詞か補助形容詞である。

補助動詞	例 ある・あげる・いく・いる・おく・くる・しまう・みる・もらう
補助形容詞	例 ない・ほしい・よい

実戦問題にチャレンジ!

1 次の文の二つの――線部と同じ関係のものを一つ選び、記号で答えなさい。

＊一度目と 二度目で、変化は 見られなかった。

ア 両者の 違《ちが》いを じっくりと 見極める。

イ 研究者に 尋《たず》ねたが わからない。

ウ わかりやすくて 面白い 論文だ。

ウ

2 次の各組で、――線部が補助的な意味を添《そ》える文節であるほうを選び、記号で答えなさい。

(1) **ア** パンフレットがある。
イ パンフレットが置いてある。

イ

(2) **ア** 妹に絵本を貸してあげる。
イ 妹に絵本をあげる。

ア

(3) **ア** 新しい自転車がほしい。
イ 自転車を買ってほしい。

イ

! 解き方のポイント

1 文節と文節の関係には、並立・補助の関係の他に、主語・述語の関係、修飾《しゅうしょく》・被修飾《ひしゅうしょく》の関係、接続の関係、独立の関係がある。

問題文と**ウ**は、並立の関係。「二度目と 一度目で」、「面白くて わかりやすい」と語順を換《か》えても意味が変わらないものが並立の関係である。**ア**は修飾《しゅうしょく》・被修飾《ひしゅうしょく》の関係。**イ**は接続の関係。

2 普通《ふつう》の動詞・形容詞か、補助動詞・補助形容詞かを識別する問題である。上に「〜て(で)」という文節があるほうが、補助動詞もしくは補助形容詞である。

(1)の**イ**、(2)の**ア**は補助動詞、(3)の**イ**は補助形容詞。

第14位 「の」の識別

出るランク A B C

① 格助詞「の」の意味を識別する。

部分の主語	▼「が」と言い換《か》えられる	例 桜の咲《さ》く季節。→桜が咲《さ》く季節。
連体修飾語《しゅうしょくご》	▼体言に挟《はさ》まっている	例 桜の花が咲《さ》く。
体言の代用	▼「こと・もの」などに言い換《か》えられる	例 歌うのが好きだ。→歌うことが好きだ。
並立	▼「〜の〜の」の形になっている	例 寒いの暑いのと騒《さわ》ぐ。

② 「の」の品詞の違《ちが》いを見分ける。

格助詞	例 先生のお話を伺《うかが》う。	文末にない
終助詞	例 なぜ確認しなかったの。	文末にある
連体詞の一部	例 このバッグが気に入った。	「この・その・あの・どの」の一部
接続助詞の一部	例 疲《つか》れたので、早く休む。	「ので・のに」の一部

実戦問題にチャレンジ！

1 **次の文の――線部と同じ意味・用法のものを一つ選び、記号で答えなさい。**

＊姉の言っていたことは本当だった。

ア 新入生を歓迎《かんげい》するための準備をする。
イ 出かけるのやめるのと迷い出す。
ウ 小鳥の鳴く声が聞こえてくる。
エ 犬の散歩に行くのが日課だ。

ウ

2 **次の各文の――線部の「の」を、文法的に説明しなさい。**

(1) うれしいのに顔に出せない。　**接続助詞の一部**
(2) 棚《たな》の上の白いバッグが私のだ。　**格助詞**
(3) 向こうに見えるあの山に登る。　**連体詞の一部**
(4) 食べないのと聞かれる。　**終助詞**

！ 解き方のポイント

1 言葉を言い換《か》えたり形を確認したりして識別する。

問題文と**ウ**は「姉が…」「小鳥が…」と言い換《か》えられるので、部分の主語。**ア**は「ため」と「準備」という体言に挟《はさ》まっているので、連体修飾《しゅうしょく》語。**イ**は「出かけるのやめるの」の形になっているので並立。**エ**は「散歩に行くことが」と言い換《か》えられるので体言の代用。

2 文末にあるかどうかや、ある品詞の一部かどうかに注目して判断する。

(1)は接続助詞「のに」の一部。(2)は「私のものだ」と言い換《か》えられることから格助詞。(3)は「あの」という連体詞の一部。(4)は後に引用の格助詞「と」が続いていることに注目。文末ではないが、いったん文が切れる場所にあるので終助詞。

第15位

「う（よう）」「まい」の識別

出るランク A **B** C

① 助動詞「う（よう）」の三つの意味を識別する。

推量 ▼前に「たぶん」を補える
例 数時間後には（○たぶん）終わるだろう。

意志 ▼「〜つもりだ」と言い換《か》えられる
例 数時間後には作業を終わらせよう。
↓○終わらせるつもりだ

勧誘《かんゆう》 ▼前に「一緒《いっしょ》に」を補える
例 終わったらみんなで（○一緒に）出かけよう。

② 助動詞「まい」の二つの意味を識別する

否定（打ち消し）の **意志**（〜しないようにしよう）▼「〜しないつもりだ」と言い換《か》えられる
例 私は無駄《むだ》な時間は過ごすまい。
↓○過ごさないつもりだ

否定（打ち消し）の **推量**（〜しないだろう）▼前に「たぶん」を補える
例 今晩は（○たぶん）雨は降るまい。

実戦問題にチャレンジ!

1 **次の各文の――線部の意味・用法をそれぞれ一つ選び、記号で答えなさい。**

(1) 明日、みんなで買い出しに行こう。　ウ

(2) 私は毎朝必ずジョギングをしよう。　イ

(3) 彼《かれ》は今日は顔を出さないだろう。　ア

ア 推量　**イ** 意志　**ウ** 勧誘《かんゆう》

2 **次の文の――線部と同じ意味・用法のものを一つ選び、記号で答えなさい。**

＊あの場所には足を踏《ふ》み入れまいと決意する。

ア こんな悪天候では参加者は集まるまい。

イ これ以上悪化することはあるまい。

ウ 彼《かれ》は答えまいが、それは関係ない。

エ 同じ過ちは繰《く》り返すまいと心に誓《ちか》う。

エ

解き方のポイント

1 前に言葉を補ったり言い換《か》えたりして識別する。

(1)は「一緒《いっしょ》に買い出しに行こう」と「一緒《いっしょ》に」を補えるので**ウ**「勧誘《かんゆう》」、(2)は「するつもりだ」と言い換《か》えられるので**イ**「意志」、(3)は「たぶん顔を出さないだろう」と「たぶん」を補えるので**ア**「推量」である。

2 前に言葉を補ったり言い換《か》えたりして識別する。

問題文は「踏《ふ》み入れないつもりだ」、**エ**は「繰《く》り返さないつもりだ」と言い換《か》えられるので、否定(打ち消し)の意志。**ア**は「たぶん集まるまい」、**イ**は「たぶん悪化することは…」、**ウ**は「たぶん答えまい」と「たぶん」を補えるので、否定(打ち消し)の推量。

第16位

「ある」「そうだ」の識別

出るランク A B C

1 「ある」の品詞や種類を識別する。

動詞 ▼「存在する」と言い換《か》えられる

例 駅前に書店がある。
↓○駅前に書店が存在する。

補助(形式)動詞 ▼直前に「て(で)」がある

例 書店に本を注文してある。

連体詞 ▼「存在する」と言い換《か》えられない

例 先日ある書店で本を購入《こうにゅう》した。
↓×先日存在する書店で本を購入《こうにゅう》した。

2 「そうだ」の品詞や種類を識別する。

助動詞（推定・様態） ▼活用語の連用形や語幹に接続する

例 午後から雨になりそうだ。　この本は面白そうだ。　※「面白」は形容詞「面白い」の語幹。

助動詞（伝聞） ▼活用語の終止形に接続する

例 午後から雨になるそうだ。　この本は面白いそうだ。

副詞 「そう」＋助動詞「だ」▼「そうだ」の前で文節に区切ることができる

例 私もそうだと思う。　↓○私も／そうだと思う。

実戦問題にチャレンジ!

次の各文の――線部と同じ意味・用法のものをそれぞれ一つ選び、記号で答えなさい。

(1) これは歴然とした事実である。

ア 出先で不測の事態に見舞《みま》われることもある。

イ この投書はある匿名《とくめい》の人物から寄せられたものだ。

ウ 彼《かれ》は野心家なだけでなく努力家でもある。

エ 部屋ごとに露天風呂《ろてんぶろ》のある温泉旅館に泊《と》まる。

ウ

(2) 夏期講習には彼女《かのじょ》も参加するそうだ。

ア 外はだいぶ気温が下がっていそうだ。

イ 渋滞《じゅうたい》のため、到着《とうちゃく》が少し遅《おく》れそうだ。

ウ このカーディガンは何にでも合いそうだ。

エ 父方のいとこが遊びに来たいそうだ。

エ

! 解き方のポイント

前の言葉に注目したり言い換《か》えたりして識別する。

(1)の問題文と**ウ**は前に「で(でも)」があるので、補助(形式)動詞。**ア**と**エ**は「存在する」と言い換《か》えられるので、動詞。**イ**は「存在する」と言い換《か》えられないので、連体詞。

(2)の問題文は「そうだ」の前が「参加する」、**エ**は「たい」と終止形なので、伝聞の助動詞。**ア・イ・ウ**は「そうだ」の前が、**ア**は「い」、**イ**は「遅《おく》れ」、**ウ**は「合い」と連用形なので、推定・様態の助動詞。

第17位 「と」「か」の識別

出るランク A B C

① 「と」の品詞の種類を識別する。

格助詞（引用） ▼前の部分を「　」でくくれる

例 行こうと誘《さそ》われる。 →○「行こう」と誘《さそ》われる。

格助詞（その他） ▼体言に接続している

例 友人と出かける。（相手）　隣《となり》の県と接する。（対象）　酒と酢《す》を買う。（並立）

接続助詞 ▼活用語の終止形に接続している

例 無理をしすぎると、翌日に影響《えいきょう》する。

② 「か」の品詞の種類を識別する。

副助詞 ▼直後に「と」を補うと不自然になる

例 あれから何年か（×と）過ぎた。　コーヒーか（×と）紅茶が飲みたい。

終助詞 ▼主に文末にある。文中にあるときは直後に「と」を補える

例 これからどうするか（文末にある）。　彼《かれ》はどうしているか（○と）気になる。

実戦問題にチャレンジ！

次の文の――線部と同じ意味・用法のものをそれぞれ一つ選び、記号で答えなさい。

(1) しっかりしろと励《はげ》まされる。

ア 明日雨が降ると困る。
イ 長い間のすれ違《ちが》いが相手への不信感となった。
ウ ノートと筆記用具を準備する。
エ もうこれで終わりだと観念する。

エ

(2) 本当はどうしたいのかよく考える。

ア いつからか自分の本心がわからなくなった。
イ それが自分の本心なのか問われる。
ウ その集まりには何回か参加したことがある。
エ この先、進むか戻《もど》るか決めかねる。

イ

！ 解き方のポイント

(1)格助詞か接続助詞か、格助詞なら引用かその他かを識別する。

問題文は「しっかりしろ」、**エ**は「もうこれで終わりだ」と、「と」の前を「　」でくくれるので、引用の意味の格助詞。**ア**は動詞「降る」という活用語の終止形に付いているので、接続助詞。**イ**は「不信感」、**ウ**は「ノート」という体言に付いており、**イ**は結果、**ウ**は並立の格助詞。

(2)副助詞なのか終助詞なのか、終助詞は文中にあるものに注意して識別する。問題文は「どうしたいのかと」、**イ**は「本心なのかと」と「と」を補えるので終助詞。**ア**・**ウ**・**エ**は直後に「と」を補えないので副助詞。

第18位

「で」の識別

出るランク A B C

◎ 四つの品詞を識別する。

格助詞 ▼「〜だ」で文を終えられない・「〜な＋名詞」の形にできない

例 旅先で美しい風景の写真を撮《と》る。

↓×旅先だ。美しい風景の……　×旅先な美しい風景

助動詞 「だ」（断定）の連用形▼「〜だ」で文を終えられる

例 週末の楽しみは、長編小説を読むことである。

↓○……長編小説を読むことだ。

形容動詞 の活用語尾《ごび》▼「〜な＋名詞」の形にできる

例 嵐《あらし》が去って数日、今日の波は穏《おだ》やかである。

↓○穏《おだ》やかな（今日の）波。

接続助詞 「て」の濁《だく》音《おん》化▼直前に動詞の音便形《おんびん》（撥音便《はつおんびん》・イ音便）がある

例 大きな飛行機が飛んでいる。（撥音便）　自転車をこいで出かける。（イ音便）

副助詞「でも」や「まで」の一部の「で」が問われることもあるよ。

実戦問題にチャレンジ!

次の文の――線部と同じ品詞のものをそれぞれ一つ選び、記号で答えなさい。

(1) 先生のおかげで合格できた。

ア 雨は夜のうちにやんでいた。
イ これまでに見たことがないくらい美しい。
ウ スマートでおしゃれな着こなし。
エ 祖母は二十五歳《さい》で結婚《けっこん》したそうだ。

エ

(2) 参考書を読んで勉強する。

ア 大会当日は晴れでよかった。
イ 毎朝、大きな声で挨拶《あいさつ》する。
ウ お米を研いで炊飯器《すいはんき》に入れる。
エ このパンは大きくて食べでがある。

ウ

解き方のポイント

言い換《か》えたり直前の言葉に注目したりして、四つの品詞を識別する。

(1)問題文と**エ**の「で」は、「〜な＋名詞」の形にできないので、格助詞。問題文は理由、**エ**は時間を表し、どちらも連用修飾語を示す働きをしている。**ア**は、前に動詞「やむ」の撥音便《はつおんびん》「やん」があるので接続助詞「て」の濁《だく》音化したもの。**イ**は「まで」という副助詞の一部。**ウ**は、「スマートな着こなし」という形にできるので「スマートだ」という形容動詞の活用語尾《ごび》。

(2)問題文と**ウ**の「で」は接続助詞の「て」の濁音《だくおん》化したもの。**ア**は断定の助動詞。**イ**は状態を表す格助詞。**エ**は分量・時間・労力を表す名詞。多くは動詞の連用形に付く。「食べで」で「食べごたえがあること」という意味。

第19位

「から」「ながら」の識別

出るランク A B C

① 助詞「から」の種類を識別する。

格助詞 ▼体言に接続している

例 関西（体言）から東京にやってくる。

接続助詞（順接）▼活用語に接続している

例 暑い（活用語）から冷房《れいぼう》を付ける。

② 接続助詞「ながら」の二つの働きを識別する。

同時 ▼連用修飾語《しゅうしょく》になる（「〜つつ」と言い換《か》えられる）

例 好きなミュージシャンの音楽を聴《き》きながら本を読む。

逆接 ▼前の内容に対して順当ではない内容が続いている（「〜のに」と言い換《か》えられる）

例 急がねばと思いながら、なかなか行動に移せない。

実戦問題にチャレンジ!

次の各文の――線部と同じ意味・用法のものをそれぞれ一つ選び、記号で答えなさい。

(1) 負けたら悔《くや》しいから作戦をよく練った。

ア 外出先から早めに帰宅する。

イ 来月で十五歳《さい》だから、早めにプレゼントをもらう。

ウ 今年から気持ちを入れ替《か》えて頑張《がんば》りたい。

エ 不注意から行き先の変更《へんこう》を見落とす。

イ

(2) 話を聞いていながら理解できていなかった。

ア 昔ながらの古い街並みを写真に撮《と》る。

イ 周囲の景色を眺《なが》めながら歩く。

ウ レシピを確認しながら料理を作る。

エ 幼いながら一人前に自分の意見を主張する。

エ

解き方のポイント

(1)「から」が何に接続しているかに注意して、品詞の違《ちが》いを識別する。

問題文は「悔《くや》しい」という形容詞、**イ**は「だ」という助動詞と、どちらも活用語に接続しているので順接の接続助詞。**ア**は「外出先」、**ウ**は「今年」、**エ**は「不注意」という体言に接続しているので格助詞。

(2)接続助詞「ながら」は意味の違《ちが》いを識別する。

問題文と**エ**は、前の内容に対して順当ではない内容が続く、逆接の接続助詞。**ア**は「昔ながら」という副詞の一部。**イ**・**ウ**は動作が並行して同時に行われることを表す、連用修飾《しゅうしょく》語になる接続助詞。

第20位

「ようだ」「らしい」の識別

出るランク A B **C**

① 助動詞「ようだ」の三つの意味を識別する。

推定 ▼「どうやら〜らしい」と言い換《か》えられる

例 雨が降り始めたようだ。 →○どうやら雨が降り始めたらしい。

比喩《ひゆ》（たとえ）▼前に「まるで」を補える

例 赤いほっぺたがりんごのようだ。 →○赤いほっぺたがまるでりんごのようだ。

例示 ▼前に「例えば」を補える

例 彼《かれ》のように約束を守れる人になりたい。 →○例えば彼《かれ》のように約束を……

② 「らしい」の品詞や種類を識別する。

助動詞（推定）▼「どうやら〜ようだ」と言い換《か》えられる

例 あの鳴き声はのら猫《ねこ》のものらしい。 →○……どうやらのら猫《ねこ》のもののようだ。

形容詞を作る **接尾語《せつび》** ▼文節の前に「いかにも」を補える

例 作家らしい表現のしかたをする。 →○いかにも作家らしい表現のしかたをする。

形容詞の一部 ▼「らしい」を取ると意味が通じない

例 彼女《かのじょ》が早く来るなんてめずらしい。 ×取れない

実戦問題にチャレンジ！

次の各文の――線部と同じ意味・用法のものをそれぞれ一つ選び、記号で答えなさい。

(1) ピアノの鍵盤《けんばん》のような白黒模様の細長い箱。

ア 頭痛が和らいできたような気がする。
イ 街路樹はいちょうのような落葉樹が多い。
ウ 評論家のような鋭《するど》い指摘《してき》を行う。
エ 締《し》め切りには間に合わないような状況《じょうきょう》だ。

ウ

(2) 思いのほか、高評価だったらしい。

ア 自由を謳歌《おうか》する様子が若者らしい。
イ 子犬のけなげな振《ふ》る舞《ま》いがいじらしい。
ウ 母親らしい温かな目線で書かれた詩だ。
エ あの企画《きかく》を考えた人物は彼《かれ》らしい。

エ

！ 解き方のポイント

それぞれ、言い換《か》えたり言葉を補ったりして識別する。

(1)問題文は「ピアノの鍵盤《けんばん》」、ウは「評論家」より前に「まるで」を補えるので、比喩《ひゆ》（たとえ）。アは「どうやら和らいできたらしい」、エは「どうやら間に合わないらしい」と言い換《か》えられるので、推定。イは「いちょう」の前に「例えば」を補えるので、例示。

(2)問題文は「どうやら高評価だったようだ」、エは「どうやら彼《かれ》のようだ」と言い換《か》えられるので、推定の助動詞。アは「若者らしい」、ウは「母親らしい」の前に「いかにも」を補えるので、形容詞を作る接尾語《せつびご》。イは「いじらしい」の「らしい」を取ると意味が通じないので、形容詞の一部。

編集協力　鈴木瑞穂
DTP　株式会社 明昌堂
データ管理コード：24-2031-1028(2022)

デザイン　修水(Osami)
キャラクターイラスト　吉川和弥（合同会社 自営制作）

本書に関するアンケートにご協力ください。

右のコードかURLからアクセスし，以下のアンケート番号を入力してご回答ください。ご協力いただいた方の中から抽選で「図書カードネットギフト」を贈呈いたします。

※アンケートは予告なく終了する場合があります。あらかじめご了承ください。

https://ieben.gakken.jp/qr/rank

アンケート番号　305716

高校入試ランク順
中学漢字・語句・文法1100　改訂版

②